Pocket Power

W0365657

Gunnar Siebert
Stefan Kempf

Benchmarking

Leitfaden für die Praxis

2. Auflage

HANSER

Inhalt

1 Einleitung

Benchmarking – Suche nach besten Praktiken und deren Implementierung im eigenen Unternehmen

Der wirtschaftliche Wettbewerb ist globaler und aggressiver geworden. Unternehmen, die in den vor uns liegenden Jahren überleben wollen, müssen sich einem grundlegenden Wandel unterziehen. Die Menschen in diesen Unternehmen werden effizienter arbeiten und anders miteinander umgehen müssen.

Das System Unternehmen kann nur optimal verbessert werden, wenn die Abhängigkeiten der Systemkomponenten untereinander berücksichtigt werden. Den optimalen Zustand auch zu erreichen, erweist sich durch den hohen Komplexitätsgrad der Aufgabenstellung als praktisch unmöglich. Der Weg ist das Ziel.

Ein Hilfsmittel zur Lösung dieses Problems ist das Benchmarking. Benchmarking wird als „die Suche nach besten Praktiken und deren Implementierung" beschrieben. Die Zielsetzung des Benchmarking ist es, durch die Erhöhung der Qualität von Produkten und Dienstleistungen sowie die Optimierung von Geschäftsprozessen Branchenführer zu werden. Anhand von Benchmarks, die den Referenzwert für Bestleistungen markieren, werden Unternehmen identifiziert, die signifikant besser sind als das eigene Unternehmen. Daraufhin wird der Rückschluss vorgenommen, dass dort „möglicherweise die besten Praktiken zu finden sind". Der wirkliche Gewinn des Benchmarking liegt im „Verstehen der Praktiken, die eine hohe Leistungsfähigkeit ermöglichen".

Zum Aufbau des Buches

In vorliegendem Pocket Power soll die Methode des Benchmarking in kompakter Form erläutert werden. Es soll Ihnen helfen, die Methode des Benchmarking zu verstehen und Ihnen Ratgeber bei der Durchführung Ihrer Benchmarking-Projekte sein.

Zunächst geht es darum, was Benchmarking ist, welche Vorteile es bietet und wie Benchmarking sich von anderen Managementwerkzeugen unterscheidet.

Anschließend wollen wir Ihnen dabei helfen, die für Sie geeignete Art des Benchmarking zu finden.

Danach wollen wir Sie dabei unterstützen, Ihr konkretes Benchmarking-Vorhaben effektiv und erfolgreich durchzuführen. Hier werden Ihnen Handlungsanleitungen auf Grundlage des Fünf-Phasen-Modells gegeben. Hier finden Sie Schrittfolgen, Checklisten und Tipps, die in konkreten Projektsituationen zu schnellen und fundierten Entscheidungen führen.

Ganz am Schluss finden Sie Ansprechpartner, die Sie bei Ihrem Benchmarking-Vorhaben unterstützen können.

Achten Sie auf folgende Symbole des Buches, die Sie schnell und übersichtlich auf die wichtigsten Punkte hinweisen.

Hier finden Sie wertvolle Tipps zur effektiven Durchführung Ihrer Benchmarking-Projekte.

Benchmarking besitzt viele mögliche Fehlerquellen. Die häufigsten Fehler sind unter diesem Symbol angeordnet.

2 Was ist Benchmarking?

2.1 Der Begriff Benchmarking

Der Begriff Benchmarking wird auf unterschiedlichste Art und Weise definiert und angewandt. In diesem Abschnitt soll auf die Herkunft des Begriffes Benchmarking eingegangen werden und die unterschiedlichen Definitionen für Benchmarking zusammengestellt und daraus eine praktikable Arbeitsdefinition entwickelt werden.

Ursprünglich wurde der Begriff Benchmarking folgendermaßen verwendet:

Bench (engl.)	1. (Sitz-)Bank; 2. Werkbank.
Mark (engl.)	1. Markierung; 2. markieren, anzeichnen; 3. ein Zeichen sein für; 4. zensieren; 5. bewerten (Sport).
Benchmark	Vermessungsmarkierung ... von vorher festgelegter Position ... benutzt als Bezugspunkt ... Standard, an dem etwas gemessen oder beurteilt werden kann.
Benchmark	der Abrisspunkt (survey), das Nivellier(ungs)zeichen.

Ein Benchmark kann eine physikalische Markierung auf einer (Werk-)Bank sein, z. B. um Rohre auf die gleiche Länge zu sägen. Ebenso kann ein Punkt einer bekannten Position in der Landvermessung gemeint sein. Im weiteren Sinne kann es ein Referenzpunkt für verschiedene Dimensionen von Leistung sein.

Im allgemeinen Sprachgebrauch ist ein Benchmark etwas, nach dem gestrebt werden sollte. Benchmarking kann vereinfacht als der Prozess beschrieben werden, diesen Benchmark zu erreichen. Im Rahmen dieses Buches wird ein Benchmark wie folgt definiert:

Ein Benchmark ist ein Referenzpunkt einer gemessenen Bestleistung.

Es existiert eine Vielzahl von Benchmarking-Definitionen. Die gebräuchlichsten Definitionen sind:

- Benchmarking ist der kontinuierliche Prozess, Produkte, Dienstleistungen und Praktiken zu messen gegen den stärksten Mitbewerber oder diejenigen Firmen, die als besser angesehen werden.
- Benchmarking ist die Suche nach den besten Industriepraktiken, die zu Spitzenleistungen führen.
- Benchmarking ist ein zielgerichteter, kontinuierlicher Prozess, bei dem die Vergleichsobjekte möglichst branchenunabhängig verglichen werden. Dabei werden Unterschiede sowie deren Ursachen und Möglichkeiten zur Verbesserung ermittelt. Die Vergleichsobjekte sind Produkte, Geschäftsprozesse, Dienstleistungen, Methoden, Unternehmen sowie die Unternehmensumwelt.
- Benchmarking ist eine herausragende Gelegenheit für eine Organisation, von den Erfahrungen anderer zu lernen.

In Anlehnung an diese Definitionen wird Benchmarking wie folgt verstanden:

Begriff	Bedeutung
Benchmark	Ein Benchmark ist ein Referenzpunkt einer gemessenen Bestleistung.
Benchmarking	ist der methodische Vergleich von Prozessen und Produkten mittels Benchmarks von als besser identifizierten Vergleichspartnern. Die Vergleichspartner werden anhand von Ähnlichkeiten in der eigenen oder in anderen Organisationen gefunden. Ziel des Benchmarking ist es, die eigenen Prozesse und Produkte durch das Vorbild des Vergleichspartners entscheidend zu verbessern.

Tab. 1: *Der Begriff Benchmarking*

Quelle: DBZ, siehe Abschnitt 4.4.

2.2 Die Entwicklung von Benchmarking

Benchmarking ist ein junges Managementwerkzeug, welches in seiner heutigen Form erst seit den 80er Jahren des 20. Jahrhunderts existiert. Maßgeblich für die Entwicklung von Benchmarking war die Firma Rank Xerox, welche Benchmarking aus der Praxis heraus entwickelte. In dem vorliegenden Kapitel sollen die wichtigsten Meilensteine in der Entwicklung von Benchmarking dargestellt werden.

Die Entwicklung des Benchmarking im heutigen Sinne lässt sich in drei große Abschnitte einteilen (Bild 1):

1. Frühe Anwendung der Kernidee.
2. Erste Verwendung des Begriffes in anderen Disziplinen.
3. Die neuere Entwicklung des Begriffes im Managementbereich.

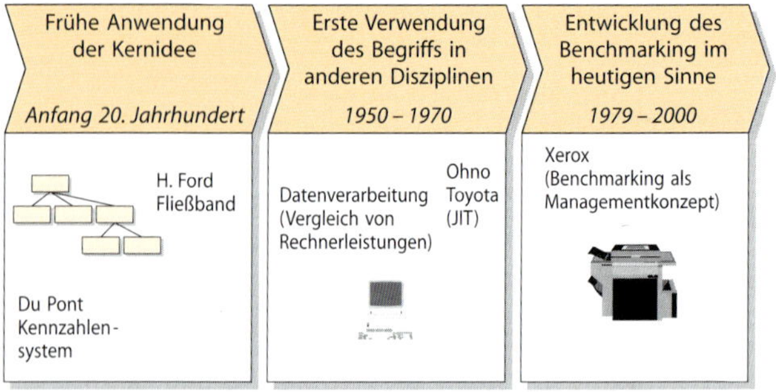

Bild 1: *Die Entwicklung des Benchmarking im Wandel der Zeit*

Die Anwendung der Kernidee lässt sich seit Anfang des 20. Jahrhunderts erkennen. Die Einführung der ersten Fließbänder in der Automobilindustrie im Jahre 1916 resultierte aus dem Besuch einer Chicagoer Großschlachterei. Die Schweine hingen an Haken und glitten auf einer Einschienenhängebahn von Arbeiter zu Arbeiter. Dieses Verfahren inspirierte Henry Ford, und er übertrug es auf die Automobilproduktion. Dies entspricht der klassischen Vorgehensweise beim Benchmarking.

Die systematische Suche nach übertragbaren Lösungen aus anderen Bereichen mit der entsprechenden Umsetzung versetzt Menschen in die Lage, den Wandel gezielter anzugehen. Das heißt auch, dass die Übertragung auf die eigene Situation nur dann – und wirklich nur dann – funktioniert, wenn sie an das eigene Umfeld angepasst wird.

Kopieren ersetzt keine Innovationen!

Der Begriff Benchmarking i. e. S. wurde von dem Unternehmen Xerox 1979 geprägt. Seitdem wurde Benchmarking zuerst von Xerox und dann von anderen weiterentwickelt (Bild 2).

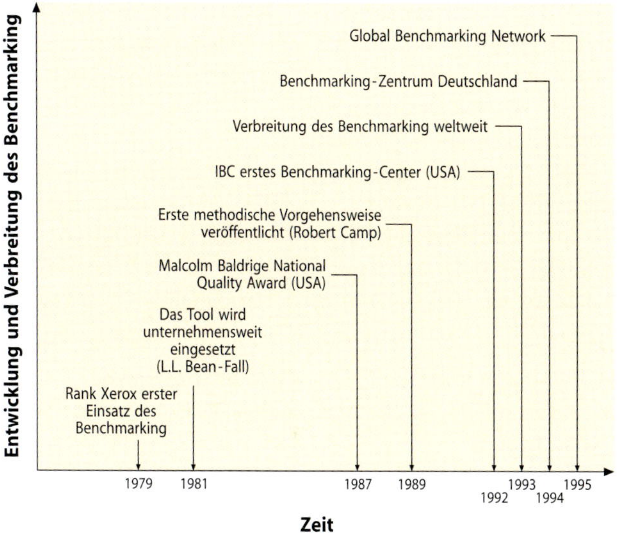

Bild 2: *Die Entwicklung des Benchmarking seit 1979*

1979 stellte Xerox fest, dass die japanische Konkurrenz Kopierer zu einem Preis verkaufte, der unter den Produktionskosten bei Xerox lag. Xerox startete daraufhin im Fertigungsbereich ein Benchmarking mit der Konkurrenz (konkurrenzbezogenes Benchmarking, siehe auch Abschnitt 2.6.3). Die auf dem Markt befindlichen Kopierer wurden hinsichtlich Herstellungskosten, Design und anderer

Merkmale studiert und analysiert. Aus diesem Vorgehen wurden neue radikale Ziele abgeleitet. Aufgrund des Erfolges in der Fertigung beschloss das Management 1981, dass Benchmarking in allen Geschäftsbereichen durchzuführen sei.

1981 führte Xerox ein branchenunabhängiges Benchmarking-Projekt mit der Firma L. L. Bean in den Bereichen Logistik und Distribution durch. Dies lieferte den Beweis, dass Benchmarking auch auf Nicht-Produktionsprozesse übertragbar ist und Benchmarking-Partner nicht aus der gleichen Branche stammen müssen.

1983 formulierte Xerox eine neue Unternehmensmaxime: „Marktführerschaft durch Qualität" (Leadership through Quality). Zum Erreichen dieses Zieles ist Benchmarking eine von drei Hauptkomponenten. Dadurch gelang es der gesamten Xerox-Gruppe, die bedeutendsten Qualitätspreise zu gewinnen:

- Deming Application Prize – Fuji Xerox in Japan,
- Malcolm Baldrige National Quality Award – Xerox 1989 in den USA,
- European Quality Award – Rank Xerox 1992 in Europa. (Siehe auch Pocket Power European Quality Award)

In den USA setzte die Verbreitung der Methodik des Benchmarking Ende der 80er Jahre ein. Dabei waren zwei Gründe entscheidend. Zum einen die Initiierung des Malcolm Baldrige National Quality Award 1987, der seit 1991 den Bewerbern explizit die Anwendung von Benchmarking vorschreibt (USA, Department of Commerce, 1991).

Zum anderen die Veröffentlichung der ersten Vorgehensweise für die Durchführung von Benchmarking durch Robert Camp 1989 „Benchmarking: The Search for Industry Best Practices that lead to superior Performance". Bis dahin existierten sehr wenige Artikel und Berichte über Benchmarking. Camps Buch bot detaillierte Richtlinien und Vorgehensweisen zur Einführung und Durchführung von Benchmarking.

Die steigende Nachfrage nach Unterstützung bei der Durchführung von Projekten und bei der Kontaktvermittlung von Benchmarking-Partnern führte zur Gründung von Benchmarking-Zentren.

1992 wurde am American Productivity Quality Center das International Benchmarking Clearinghouse (IBC) gegründet. Diesem folgte das SPIC (Strategic Planning Institute Council on Benchmarking) ebenfalls in den USA.

1993 wurde das Benchmarking Centre in England eröffnet und Gründungen im skandinavischen Raum folgten. 1994 wurde in Deutschland ein Benchmarking-Zentrum am Fraunhofer-Institut und 1998 das Deutsche Benchmarking Zentrum, beide in Berlin, begründet.

Aufgaben dieser Zentren sind die Verbreitung der Benchmarking-Methodik insbesondere für kleine und mittelständische Unternehmen (KMU), die Projektunterstützung und Informationsbeschaffung sowie die Auswahl und Vermittlung von Vergleichsunternehmen.

Die Globalisierung der Industrie erfordert die Unterstützung des internationalen Benchmarking. 1995 wurde das Global Benchmarking Network (GBN) gegründet. Dieses ist ein Netzwerk von Benchmarking-Zentren und dient der internationalen Vermittlung von Benchmarking-Partnern sowie dem Aufbau gemeinsamer, einheitlicher Dienstleistungen bei allen nationalen Organisationen.

2.3 Die Kernidee des Benchmarking

In diesem Kapitel sollen die Grundgedanken von Benchmarking erläutert und diskutiert werden.

Die Kernidee des Benchmarking ist die Nutzung vorhandener Problemlösungen zur Lösung eigener Aufgabenstellungen. Ansatzpunkt zum Auffinden geeigneter Lösungen ist die Suche nach Ähnlichkeiten mit erfolgreichen Unternehmen. Benchmarking ist nur dann erfolgreich, wenn bessere Alternativen zur eigenen Vorgehensweise gefunden werden. Je größer das nutzbare Lernpotenzial ist, desto erfolgreicher kann ein Benchmarking sein. Damit ist klar, dass der Auswahl geeigneter Benchmarking-Partner ein großes Maß an Aufmerksamkeit geschenkt werden muss.

Benchmarking bedeutet Lernen voneinander und erfordert den Mut, über den eigenen Tellerrand zu schauen.

2.4 Was bringt mir Benchmarking?

Benchmarking ist sicher kein Allheilmittel. In vorliegendem Kapitel wird dargestellt, welchen Nutzen Benchmarking für Unternehmen hat und wo die Stärken liegen.

Aufgabe des Benchmarking ist es, neue Ideen und Impulse zu setzen und sich mit den gesetzten Zielen zu beschäftigen. Der Blick über den eigenen Tellerrand versetzt ein Unternehmen in die Lage, sich an die Spitze zu setzen, um selbst neue Standards in der Welt der Besten zu setzen. Kontinuierliche Innovationen durch das In-Frage-Stellen des Status quo sowie die Absicherung durch den Beweis, dass es bei anderen funktioniert, sind so möglich.

Direkter Nutzen	Indirekter Nutzen
Benchmarking	
analysiert Unternehmen	erzeugt Verständnis für die eigenen Geschäftsabläufe
vergleicht Unternehmensbereiche und Unternehmen	legt die Unternehmensziele fest
definiert Bestleistungen	überprüft die Unternehmensstrategie(n)
identifiziert Leistungsdefizite	stärkt die Wettbewerbsfähigkeit
bewertet Lösungsalternativen	initiiert einen kontinuierlichen Verbesserungsprozess

Tab. 2: *Nutzen des Benchmarking*

2.4.1 Ziele des Benchmarking

Ist die Entscheidung zur Durchführung von Benchmarking gefallen, muss zunächst die Aufgabenstellung festgelegt werden.

Die derzeit beste Möglichkeit, einen Prozess durchzuführen, ist als Standard anzusehen. Der eigene Prozess wird dieser „Best Practice“ gegenübergestellt. Aus dem Vergleich ist eine mögliche Leistungslücke zu ermitteln, welche zu schließen ist. Dies ist der Mess- und Positionieraspekt.

Hat sich ein führendes Unternehmen, welches einen Prozess fundamental besser durchführen kann, zum Benchmarking bereit erklärt, besteht jetzt die Aufgabe zu verstehen, worin die Ursache für die Leistungslücke liegt. Es werden also Daten ausgetauscht, die dem Verständnis dienen, warum die andere Durchführung dieses Prozesses besser ist.

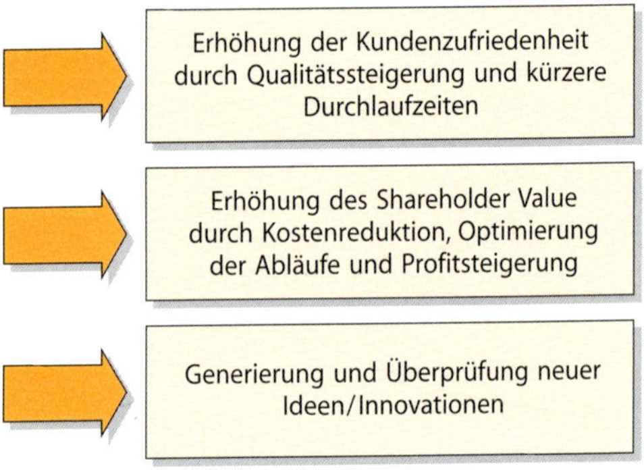

Bild 3: *Ziele des Benchmarking*

Ist dies verstanden worden, gilt es, das von den Besten Gelernte in die eigene Praxis umzusetzen. Es besteht die Aufgabe, Ideen zu entwickeln und Lösungen zu finden, das Gefundene an die eigenen speziellen Belange anzupassen und durch eigene Weiterentwicklungen zu übertreffen. Sind alle Untersuchungen, Analysen und Veränderungen sorgfältig und konzentriert durchgeführt worden, sodass am Schluss eines Benchmarking-Projektes der Standard der anderen übertroffen wurde, bedeutet das kein Abbrechen aller Benchmarking-Aktivitäten. Anschließend wird ständig das Ergebnis des Benchmarking-Projektes und damit auch die gesetzten Standards, also die eigene Zielsetzung überprüft, um die gewonnene Überlegenheit zu behalten und weiter auszubauen.

2.4.2 Vorteile und Nutzen des Benchmarking

Die Vorteile des Benchmarking lassen sich bereits aus der Erfüllung der vorangegangenen Aufgaben und dem Erreichen der ebenfalls bereits beschriebenen Ziele ablesen. Mit keinem anderen Verfahren ist es so möglich, Produkte, Geschäftsprozesse, Dienstleistungen, Methoden, Unternehmen oder die Unternehmensumwelt zu analysieren und zu vergleichen, um durch daraus folgende Veränderungen mit seiner eigenen Leistung eine Spitzenposition einzunehmen (vgl. Bild 4).

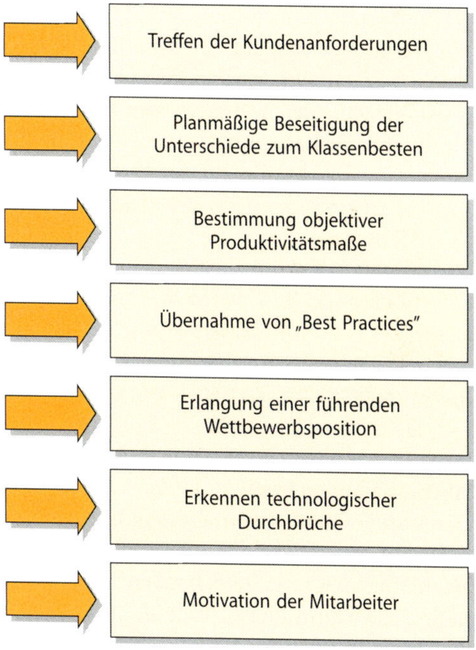

Bild 4: *Vorteile des Benchmarking*

2.4.3 Ergebnisse des Benchmarking

Die Frage ist: Kann das Unternehmen mit oder ohne Benchmarking seine derzeitige Stellung in der Geschäftswelt behaupten bzw. verbessern? Dazu ist abzuwägen, was in einem Unternehmen geschieht, wenn Benchmarking durchgeführt oder darauf verzichtet wird.

Ein Benchmarking-Projekt wird immer mit dem Ziel einer Weiterentwicklung der eigenen Leistungsfähigkeit durchgeführt. Die Ergebnisse des Benchmarking entstehen durch das Verstehen der Konkurrenz und durch neue Ideen für die Verbesserung der eigenen Prozesse. Wird in einem Betrieb die Verantwortung auf alle Mitarbeiter verteilt, entsteht ein Selbstwertgefühl, welches sich in der Qualität ihrer Arbeit widerspiegelt. Gleichzeitig werden die Mitarbeiter zu neuen Ideen und Verbesserungsvorschlägen angeregt. Das Benchmarking-Projekt basiert auf der Teilnahme dieser Prozessverantwortlichen und unterstützt diese Entwicklung.

Um die im Benchmarking gefundenen Maßnahmen in die Praxis umzusetzen, bedarf es wie bei allen Neuerungen einer Veränderungsbereitschaft. Es wird bewiesen, dass es Möglichkeiten einer besseren Prozessführung gibt. Bei externem Benchmarking mit einem Wettbewerber kann das Erkennen dieser Notwendigkeit zur Verbesserung sogar überlebenswichtig für das Unternehmen sein.

Die durch Benchmarking gefundenen Praktiken bedeuten häufig eine fundamental bessere Möglichkeit der Prozessführung. Eng damit verbunden können Erfindungen und Patente sein, welche sich wiederum profitsteigernd auswirken. Durch Diskussion mehrerer Alternativen ist es möglich, für jede Situation ein Optimum zu finden. Durch die konzentrierte Durchsetzung der Verbesserungsmöglichkeiten wird eine Spitzenleistung und -position erreicht.

2.4.4 Nachteile und Schwierigkeiten beim Benchmarking

Die Nachteile des Benchmarking gegenüber anderen Verfahren bestehen hauptsächlich darin, dass es sich um ein recht junges Verfahren handelt. So gibt es nur relativ wenige Fachleute, die einen entsprechenden Erfahrungsschatz in Bezug auf die Durchführung eines Benchmarking-Projektes haben. Auch ist der Zugriff auf Informationen, ohne die Benchmarking nicht existieren kann, durchaus noch nicht ausgereift.

Im Einzelnen beruhen die allgemeinen Nachteile auf der langsamen Verbreitung in Deutschland. So kann es Schwierigkeiten mit Fachkräften geben, die die Prozesse entscheidend beherrschen, aber Benchmarking noch nicht kennen. Weiter entstehen während einer Benchmarking-Untersuchung relativ hohe Kosten (Material-, Reise-, Personal-). Für die Durchführung ist ein Teamleiter notwendig, der Moderatorenqualitäten haben muss, um ein Team entsprechend anzuleiten. Nicht jeder Mitarbeiter kann diese Aufgabe erfüllen, deshalb kann die Einbindung eines externen Moderators notwendig werden.

Andere Nachteile ergeben sich je nach Benchmarking-Art. So besteht ein großes Manko des internen Benchmarking darin, dass systeminterne Schwächen nicht erkannt werden. Die mögliche „Best Practice" wird nicht gefunden, weil nur innerhalb der betrieblichen Strukturen gesucht wird, was zu einer Fehleinschätzung der eigenen Leistungsstärke führen kann. So gibt es letztendlich nicht den nötigen Anstoß für eine innovative Veränderung.

Wird in der eigenen Branche ein externes Benchmarking durchgeführt, handelt es sich bei den Benchmarking-Partnern um potenzielle Wettbewerber. Daraus erwächst die Notwendigkeit, mit den Daten der Wettbewerber sensibel umzugehen. Die Offenheit des Datenaustausches muss vorher geklärt oder erst ausgehandelt werden. Wurden die Informationen ausgetauscht, stellt sich die Frage, wie deren Qualität zu kontrollieren ist. Für diese Kontrolle müssen Extrazeiten einkalkuliert werden. Des Weiteren werden mitunter branchentypische Schwächen oder die eigentliche „Best Practice“ nicht erkannt.

Im branchenfremden, externen Benchmarking müssen in jedem Projekt vergleichbare Rahmenbedingungen geschaffen werden, um die Abläufe und Strukturen vergleichbar und übertragbar zu machen. Besonders das Erstellen des branchenunabhängigen Fragebogens erfordert hier entsprechendes Können. Wurde eine „Best Practice“ gefunden, liegt anschließend die Gefahr nahe, sie ohne Anpassung an die eigenen Anforderungen vorbehaltlos zu übernehmen. Dies ist oft zum einen nicht möglich und zum anderen wird so nie eine Spitzenposition erreicht oder übertroffen.

Bei der Suche nach der Messgröße ist zu beachten, dass der Prozess des Benchmarking-Partners damit beschrieben und anschließend mit dem eigenen verglichen werden soll. Bei der Auswahl des passenden Partners sind Aspekte wie Informationsbeschaffung oder Bereitschaft zur Mitarbeit, d.h. zum offenen Datenaustausch zu bedenken. Nachteilig wirkt sich hier auch die noch geringe Zahl von Benchmarking-Organisationen und das Fehlen von Datenbanken zur Fixierung des „Klassenbesten“/„Prozessbesten“ („Best in Class“/„Best in Process“) aus.

Mit der Fortführung und Ausweitung der Preisvergabe an Unternehmen (Ludwig-Erhard-Preis, European Quality Award) wächst jedoch der Datenschatz an „Best Practice“-Beispielen.

Ein weiteres Problem stellt der Datenaustausch dar. Dieser soll klar, vollständig und übersichtlich sein. Auch eine mögliche Kontrolle durch andere Quellen muss möglich sein. Ist der Vergleich erfolgt und werden aus den Unterschieden neue Ideen entwickelt, ist Veränderungsbereitschaft gefragt, wenn sie nicht schon vorhanden ist.

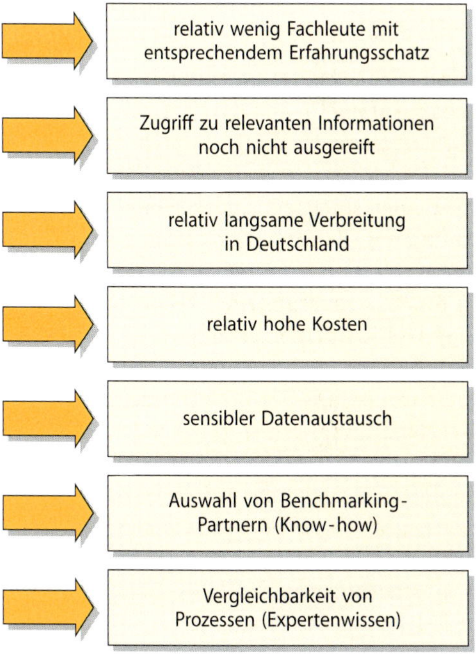

Bild 5: *Nachteile des Benchmarking*

Es kann auch vorkommen, dass die beste Lösung übersehen wird und die vermeintlich beste Lösung sich als Rückschritt erweist. Ein Ergebnis der Veränderung ist immer erst nach einem gewissen Zeitraum feststellbar. Eine Fehlentwicklung treibt natürlich die Kosten in die Höhe. Aber trotz möglicher Nachteile und Probleme wiegen die Vorteile und der daraus entstehende Nutzen des Benchmarking diese wieder auf.

2.4.5 Mögliche Fehler und Fehlerquellen im Vorfeld eines Benchmarking-Projektes

Soll ein Benchmarking-Projekt zum Erfolg führen, ist es wichtig, von Anfang an für das Vorhaben zu werben. Das heißt, auch negative Meinungen durch Argumente zu zerstreuen. Gründe, die gegen eine schnelle Ablehnung durch falsche Ansichten sprechen, sind folgende:

Die Auffassung, Benchmarking ist Ersatz für eigene Kreativität und Innovation, lässt sich durch die Tatsache widerlegen, dass für die Anpassung und Weiterentwicklung der Ideen eine gewisse Kreativität benötigt wird. Auch ist während der Suche nach einer vergleichbaren Kennzahl besonders im externen Benchmarking der nötige Einfallsreichtum gefragt. Durch Benchmarking werden insbesondere Anregungen für Verbesserungen geholt. Es gilt, die Besten zu übertreffen und nicht stupide nachzuahmen. Durch unterschiedliche Kundenwünsche und den bedeutenden Wettbewerbsfaktor „Was unterscheidet mich vom Markt? – Produktdifferenzierung" sorgt die unternehmensinterne Kreativität für einen gesunden Individualismus des Produktes.

Der Standpunkt, Benchmarking sei Unternehmensspionage, lässt sich ebenfalls von der Hand weisen. Für den Datenaustausch und die Betriebsbesichtigung gibt es vorher ausgehandelte Regeln sowie einen internationalen Verhaltenskodex (siehe Abschnitt 4.1). Dies hilft, kriminelle Absichten unter dem Deckmantel des Benchmarking von vornherein zu unterbinden. Die Meinung, Benchmarking sei demotivierend, lässt sich besonders am Beispiel des konkurrenzbezogenen Benchmarking widerlegen. Durch den Vergleich mit einem direkten Wettbewerber ist jeder Mitarbeiter bis hin zum Topmanagement bestrebt, besser zu sein als der andere.

Gegen andere pauschale Argumente wie „... das haben wir ja noch nie gemacht!" oder das „Not-Invented-Here-Syndrom (Hier nicht durchführbar!)" lassen sich Aspekte wie der Hinweis auf die Notwendigkeit einer Verbesserung oder der Imagegewinn durch Innovationen anführen. Diese Argumente stehen der gesunden Entwicklung eines Unternehmens entgegen und sind deshalb gefährlich für die eigene Existenz.

Andere Fehler resultieren aus mangelnder Unterstützung der Mitarbeiter durch das Topmanagement während des Projektes, welches bis hin zur offenen Sabotage reichen kann. Da die Geschäftsführung entscheidet, ob, wann und wie ein Benchmarking-Projekt durchzuführen ist und sich meist weitere Entscheidungen vorbehält, muss hier eine Akzeptanz vorhanden sein.

Der Widerstand gegenüber Benchmarking entsteht allerdings auch durch einen Widerstand gegenüber Veränderungen. Dieser Widerstand wird durch unterschiedliche Ausprägungsformen sichtbar. Typische Beispiele sind das Aussitzen, das Zerreden und Verbiegen der Verbesserungsvorschläge in endlosen und zu nichts führenden Treffen, in denen die Veränderungsmöglichkeiten mit dem Ziel diskutiert werden, sie nicht in die Tat umzusetzen.

Bei der Definition des Benchmarking wird oft der Fehler gemacht, dass Maßnahmen gesucht werden. Es gilt aber, mehrere Prozessalternativen zu suchen, die die beste Möglichkeit der Durchführung beinhalten. Diese sollen entsprechend der jeweiligen Situation angepasst werden und so verbessernd wirken.

Weitere Fehler beziehen sich auf die Durchführung eines Benchmarking-Projektes. Diese Fehler können im Gegensatz zu den Fehlern, die im Umfeld gemacht werden können, durch den Einsatz von Checklisten auf ein Minimum reduziert oder ganz ausgeschlossen werden.

2.5 Abgrenzung zu anderen Begriffen

Neben Benchmarking existiert noch eine Vielzahl anderer Managementmethoden. In diesem Kapitel sollen insbesondere TQM, Kaizen, Reengineering, Betriebsvergleich und Wettbewerbsvergleich vorgestellt, bewertet und vom Benchmarking abgegrenzt werden.

2.5.1 TQM

Die Leitidee des **Total Quality Management** (TQM, siehe Pocket Power Total Quality Management) ist die umfassende Orientierung des Unternehmens auf die Zielgröße Qualität. Grundlegende Elemente sind die Kunden-, die Prozess- und die Mitarbeiterorientierung sowie die Vorbeugung und ständige Verbesserung.

Für die praktische Umsetzung des Konzeptes müssen organisatorische, personelle und technische Rahmenbedingungen geschaffen werden.

Organisatorische Rahmenbedingungen sorgen für die eindeutige Abgrenzung von Prozessen und Teilprozessen, sodass die Grundlagen für eine erfolgreiche Analyse, Gestaltung, Regelung und Verbesserung von Prozessen im Produktions- und Verwaltungsbereich geschaffen werden. Schnittstellenprobleme werden durch eine genaue Definition der Anforderungen und eine eindeutige Zuordnung von Verantwortlichkeiten reduziert. Qualitätsverantwortung bedeutet, dass durch die Einführung von Selbstprüfungskonzepten sowohl die Unternehmensleitung als auch die Mitarbeiter zu höchster Qualität in ihrem Verantwortungsbereich angehalten werden.

Begleitend zu den organisatorischen Rahmenbedingungen müssen personelle Maßnahmen wirksam werden, um eine Änderung von Einstellung und Verhaltensweisen zu bewirken. Hauptbestandteil ist hierbei die umfassende Information und Qualifikation aller Beteiligten.

Benchmarking ist ein wichtiger Baustein des Total Quality Management. Es liefert den Vergleich mit Unternehmen, die im Qualitätsbereich vorbildlich sind, und gibt Anregungen für Qualitätsverbesserungen im eigenen Unternehmen. Insbesondere bei der Selbstbewertung nach dem Vorbild der European Foundation for Quality Management (EFQM) wird der „objektive Blick nach außen" vorausgesetzt, um mindestens 25 % der Punkte bei jedem Bewertungskriterium zu erhalten (siehe Pocket Power European Quality Award).

2.5.2 Kaizen

Kaizen umfasst die ständige Verbesserung des Status quo unter Einbeziehung von Führungskräften und Mitarbeitern gleichermaßen. Die Philosophie von Kaizen geht von der Annahme aus, dass unsere Art zu leben – sei es unser Arbeitsleben, unser soziales Leben oder unser häusliches Leben – einer ständigen Verbesserung bedarf.

Die Botschaft von Kaizen heißt, es soll kein Tag ohne irgendeine Verbesserung im Unternehmen vergehen. In Japan gilt für das Management eine Hauptregel: Aufrechterhaltung und Verbesserung von Standards. Zuerst müssen vom Management Unternehmenspolitik und Regeln festgelegt werden. Es muss dafür sorgen, dass diese Standards befolgt werden. Ist das gewährleistet, so muss sich das Management bemühen, die Standards zu verbessern: Standards verbessern heißt neue Standards zu setzen. Auf diese Weise ist die Erhaltung und Verbesserung der Standards für die meisten japanischen Manager untrennbar miteinander verbunden.

Kaizen bedeutet Verbesserung des Status quo in kleinen Schritten als Ergebnis laufender Bemühungen. Innovation dagegen ist die drastische Verbesserung des Status quo als Ergebnis einer großen Investition in eine neue Technologie oder Ausstattung.

Kaizen bezieht jeden Mitarbeiter des Unternehmens in den fortschreitenden Prozess der Firma mit ein. Jeder Einzelne bekommt dabei je nach Verantwortungsumfang seinen bestimmten Platz in der Hierarchie und wird so stets in den Verbesserungsprozess eingeschlossen.

Voraussetzung für die Durchführung von Kaizen ist das Erkennen der Notwendigkeit einer Verbesserung, welches mit dem Erkennen eines Problems beginnt. Kaizen ist deshalb auch ein Problemlösungskonzept. Mit jedem gelösten Problem steigt die Verbesserung. Um den erreichten Stand auch halten zu können, muss die Verbesserung standardisiert werden. Eines der wichtigsten Instrumente zur ständigen Verbesserung ist das Modell des Deming-Kreises mit der Vorgehensweise Plan-Do-Check-Act.

Ebenso enthält das Kaizen weitere Managementwerkzeuge, auf die an dieser Stelle nicht weiter eingegangen werden soll.

Kaizen fördert prozessorientiertes Denken, weil Prozesse verbessert werden müssen, bevor Ergebnisse zu erwarten sind, und ist sehr stark vom Bemühen der Mitarbeiter abhängig. Das ist ein scharfer Kontrast zum ergebnisorientierten Denken der meisten westlichen Manager.

Während das Wesen des Kaizen in Veränderungen in kleinen Schritten besteht, finden diese beim Benchmarking sprunghaft statt.

2.5.3 Reengineering

Reengineering wird als radikale Neugestaltung der unternehmensweiten Geschäftsprozesse verstanden. Der Begriff Geschäftsprozess oder auch Unternehmensprozess wird von Hammer und Champy als Bündel von Aktivitäten definiert, für das ein oder mehrere unterschiedliche Inputs benötigt werden und das für den Kunden ein Ergebnis von Wert erzeugt. Sie geben fünf häufig vorkommende Geschäftsprozesse an:

- **Produktion:** Beschaffung bis Auslieferung
- **Produktentwicklung:** Entwurf bis Prototyp
- **Verkauf:** Interessent bis Auftrag
- **Auftragsabwicklung:** Auftrag bis Zahlung
- **Kundendienst:** Anfrage bis Problemlösung

Für die Gestaltung von Geschäftsprozessen prägten Hammer und Champy den Begriff Business Reengineering. Sie definieren Business Reengineering als fundamentales Überdenken und radikales Redesign von Unternehmen oder wesentlichen Unternehmensprozessen.

Ergebnis sind Verbesserungen in den Bereichen Kosten, Qualität, Service und Zeit (siehe Pocket Power Prozessmanagement).

Unter fundamentalem Überdenken wird ein voraussetzungsfreies Hinterfragen der betrieblichen Abläufe verstanden. Ziel dieser Tätigkeit ist die Ermittlung unausgesprochener Regeln und Annahmen, die den Abläufen zugrunde liegen, und deren Überprüfung. Radikales Redesign wird als völlige Neugestaltung des Unternehmens unter Missachtung aller bestehenden Strukturen und Verfahrensweisen verstanden. Eine Verbesserung, Erweiterung oder Modifizierung wird ausdrücklich abgelehnt. Unter einer Verbesserung um Größenordnungen wird eine Verbesserung der Indikatoren der Leistungsgrößen um mehr als 10 % verstanden.

Mit dem Reengineering können zwar wie erwähnt sehr große Erfolge erzielt werden, es birgt aber wegen der radikalen Vorgehensweise große Risiken:

- Bisher gewonnene Erkenntnisse werden außen vor gelassen,
- bereits gut funktionierende Abläufe werden verworfen,
- durch die vollkommene Umgestaltung des jeweiligen Geschäftsprozesses muss die bereits erreichte Wettbewerbsposition erst wieder erarbeitet werden,
- Mitarbeiter tragen die Neuorientierung möglicherweise nicht mit, da sie im Vorfeld nicht mit einbezogen waren.

Es muss nach Wegen gesucht werden, das Risiko zu verringern und die Potenziale des Business Reengineering voll auszuschöpfen.

Auslöser für ein Reengineering kann ein interner oder externer Vergleich, ein Benchmarking mit erfolgreicheren Unternehmensteilen oder anderen Unternehmen innerhalb oder außerhalb der Branche sein – Benchmarking kann Reengineering „triggern“, d. h. anstoßen (Bild 6).

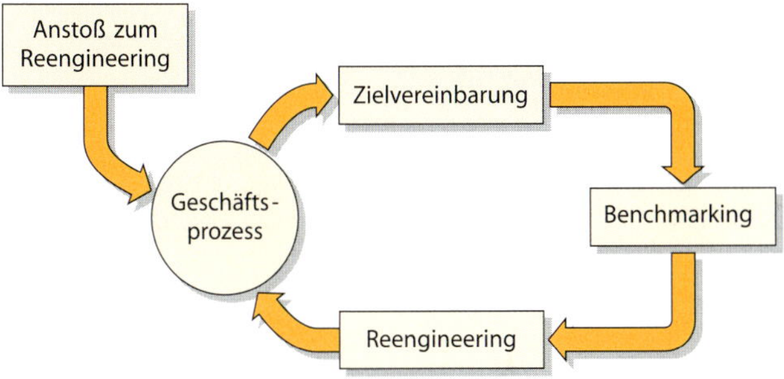

Bild 6: *Benchmarking triggert Reengineering*

2.5.4 Betriebsvergleich

Der Betriebsvergleich wird seit langem praktiziert. Seit Beginn der industriellen Revolution waren in Frankreich Vergleiche zwischen den Manufakturen üblich. In der Literatur hingegen sind erste Beschreibungen erst Anfang dieses Jahrhunderts zu finden. In der nachstehenden Tabelle werden Betriebsvergleich und Benchmarking gegenübergestellt.

Der Betriebsvergleich wird überwiegend auf betriebswirtschaftlicher und technischer Seite angewandt. Er betrachtet Daten aus dem Rechnungswesen der Konkurrenz oder brancheninterner Unternehmen. Bei der Anwendung auf technischer Seite wird auf Branchen mit vergleichbarer Technik zurückgegriffen. Diesbezüglich ist der branchenübergreifende Charakter schon seit Jahrhunderten zu erkennen. Die betrachteten Unternehmen werden jedoch nicht systematisch ausgewählt und die bahnbrechenden Erkenntnisse beruhen auf zufälligen, intuitiven Gedanken.

Kriterien / Methoden	Betriebsvergleich	Benchmarking
Einbindung in die Unternehmensstrategie	nur bedingt, eher nicht	Bestandteil des strategischen Planungsprozesses
Betrachtungshorizont	überwiegende Markt-Produkt-Betrachtung	ganzheitliche Betrachtung von Prozessen und der Unternehmensumwelt
Untersuchungsobjekte	Konkurrenten	branchenunabhängige Betrachtung von Prozessen
Informationsbeschaffung	Sekundärquellen	Primär- und Sekundärquellen
Detaillierungsgrad der Informationen	nicht detailliert genug	durch direkten Austausch sind auch Hintergründe bekannt
Anwendungsbereich	Rechnungswesen, Bilanz, Technik	in allen Bereichen
Ausrichtung	Positionierung im Markt	Positionierung des Untersuchungsobjektes und Ableitung von Verbesserungsmaßnahmen
Betrachtungsweise	verstärkt Kennzahlenbetrachtung	Prozessbetrachtung steht im Vordergrund
Vorgehensweise	keine Vergleichssystematik	systematisch

Tab. 3: *Betriebsvergleich und Benchmarking im Vergleich*

2.5.5 Wettbewerbsvergleich

Der Wettbewerbsvergleich ist ein Instrument aus dem Marketing und dient der Identifizierung potenzieller Stärken sowie Schwächen gegenüber der Konkurrenz. Im Rahmen der Analyse werden die Ergebnisse der wirtschaftlichen Tätigkeit mehrerer Betriebe zwecks Informationsgewinnung sowie Entscheidungsvorbereitung und -kontrolle gegenübergestellt. Es werden Zahlen des Rechnungswesens und andere Unterlagen ausgetauscht, um Informationen für die eigene Führungstätigkeit zu gewinnen. Zur Gewährleistung einer hohen Aussagekraft des Wettbewerbsvergleiches müssen folgende Voraussetzungen erfüllt sein:

- Die strukturelle Vergleichbarkeit der Betriebe hinsichtlich Branche, Betriebsgröße, Betriebsform, Sortimentsstruktur und Standortbedingungen.
- Die Einheitlichkeit des Rechnungswesens, einheitlicher Kostenrahmen, einheitliche Anwendung von Bewertungsvorschriften in Handels- und Steuerbilanz, die Berücksichtigung kalkulatorischer Kosten wie z. B. Unternehmerlohn, Eigenkapitalverzinsung und kalkulatorische Miete, um Unterschiede in der Rechtsform, bei der Kapitalausstattung und bei den Eigentumsverhältnissen auszugleichen.
- Wissenschaftliche Basis des Vergleichs bei gleichzeitiger praxisbezogener Ausrichtung und Verwendung eines branchenbezogenen Kennzahlensystems.

Sind diese Voraussetzungen erfüllt, kann ein Vergleich eben zwischen zwei Betrieben sinnvoll sein. Aber auch mehrere Betriebe können verglichen werden. Für die Sicherstellung der Anonymität aller Beteiligten kann eine neutrale unabhängige Institution hinzugezogen werden.

Hauptinformationsquelle bei der Durchführung eines Wettbewerbsvergleiches sind die betrieblichen Kennzahlen. Sie sind in ein Kennzahlensystem eingebunden, um Fehlinterpretationen zu vermeiden, und bilden ein komplexes System von absoluten und relativen Angaben zur wirtschaftlichen Situation der Unternehmen insgesamt und in einzelnen Teilen.

Die Beschränkung auf betriebsspezifische Kennzahlen birgt eine Vielzahl von Fehlerquellen und Gefahren. Für viele betriebliche Abläufe existieren keine Kennzahlen, die den aktuellen Zustand wiedergeben. So kann beispielsweise die Kundenzufriedenheit oder technisches Know-how nicht in Zahlen dargestellt werden. Im Vergleich zum Benchmarking liefert der Wettbewerbsvergleich Sollgrößen für einzelne Kennzahlen, jedoch nicht die Prozesse, mit denen solche Werte erreicht werden. Außerdem ist aufgrund verschiedener Rahmenbedingungen nicht immer gewährleistet, dass die Kennzahlen auf die Betriebe übertragbar sind.

Der größte Nachteil des Wettbewerbsvergleiches gegenüber dem Benchmarking ist die starke Orientierung am Markt und an Produkten. Der Blick über den Tellerrand ist damit nicht mehr möglich.

In Tab. 4 werden die wichtigsten Punkte des Wettbewerbsvergleiches und Benchmarking gegenübergestellt.

Methoden / Kriterien	Wettbewerbsvergleich	Benchmarking
Einbindung in die Unternehmensstrategie	Bestandteil des strategischen Planungsprozesses	Bestandteil des strategischen Planungsprozesses
Betrachtungshorizont	überwiegende Markt-Produkt-Betrachtung	ganzheitliche Betrachtung von Prozessen und der Unternehmensumwelt
Untersuchungsobjekte	Konkurrenten	branchenunabhängige Betrachtung von Prozessen
Informationsbeschaffung	Sekundärquellen	Primär- und Sekundärquellen
Detaillierungsgrad der Informationen	nicht detailliert genug	durch direkten Austausch sind auch Hintergründe bekannt
Vorgehensweise	keine strukturierte Methodik vorhanden	systematische Vorgehensweisen in mehreren Phasen vorhanden
Verbesserungspotenzial	gering bis mittel, da überwiegend Kennzahlen ausgetauscht und Konkurrenten besucht werden	groß, insbesondere durch die branchenunabhängige Betrachtung von Prozessen
Integration der Mitarbeiter	gering bis mittel	groß, bei der Analyse der Prozesse sowie beim Besuch des zu vergleichenden Unternehmens; daraus folgt auch eine höhere Akzeptanz bei der Umsetzung

Methoden / Kriterien	Wettbewerbs-vergleich	Benchmarking
Anwendungs-bereich	Marketing	in allen Bereichen
Positionierungs-aspekt	Positionierung im Markt	Positionierung des Untersuchungs-objektes und Ableitung von Verbes-serungsmaßnahmen

Tab. 4: *Wettbewerbsvergleich und Benchmarking im Vergleich*

2.6 Welche Benchmarking-Arten gibt es und welche davon ist für mich geeignet?

Benchmarking ist kein einheitliches Werkzeug. In Abhängigkeit vom Benchmarking-Objekt und vom anvisierten Kreis potenzieller Partner existieren unterschiedliche Benchmarking-Facetten, auf die im Folgenden eingegangen werden soll. Dabei geht es darum darzustellen, welche Potenziale die verschiedenen Benchmarking-Arten haben, wann sie anwendbar sind und welche Schwierigkeiten sie aufweisen.

WORUM GEHT ES?

Benchmarking kann in Abhängigkeit von der Partnerauswahl in internes und externes Benchmarking eingeteilt werden (Bild 7). Externes Benchmarking ist gegliedert in konkurrenzbezogenes, branchenbezogenes und branchenunabhängiges Benchmarking. Internes Benchmarking kann innerhalb eines Unternehmens oder eines Konzerns durchgeführt werden. Weitere Arten sind das operative und strategische Benchmarking sowie das Produkt-Benchmarking.

2.6.1 Internes Benchmarking

Internes Benchmarking ist der Vergleich ähnlicher Tätigkeiten oder Funktionen innerhalb eines Unternehmens oder mit assoziierten Organisationen zur Ermittlung des Leistungsniveaus, das innerhalb dieses gemeinsamen Rahmens die beste Praxis darstellt.

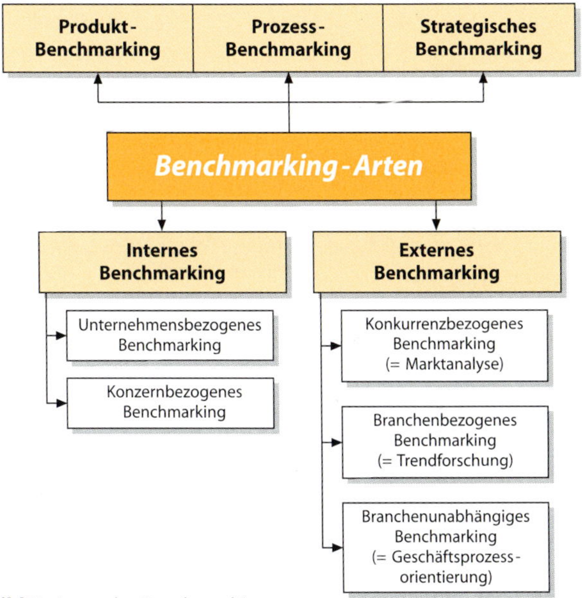

Bild 7: *Arten des Benchmarking*

Internes Benchmarking ist sowohl ein separater Vorgang zur Verbesserung der gegenwärtigen Leistung als auch einer der ersten, entscheidenden Schritte für externe Benchmarking-Projekte. Häufig wird innerhalb einer Organisation die gleiche Arbeit an zwei oder mehreren Orten getan. Daher ist es nützlich, die beste Praxis innerhalb des Unternehmens zu identifizieren und diese dann auf alle Ebenen zu übertragen. Internes Benchmarking ermittelt die gemeinsamen Elemente bei ähnlichen Tätigkeiten und isoliert diejenigen, die standardisiert sein sollten.

Beim internen Benchmarking versuchen Organisationen, von ihren Zweigwerken, Abteilungen oder Arbeitsgruppen zu lernen. Durchführung und Datenzugriff sind einfach, die Erfolge sind jedoch hinsichtlich einer leistungssteigernden Veränderung meist gering, da zusammengehörende Einheiten die Tendenz aufweisen, sich gleichen kulturellen und organisatorischen Normen zu unterwerfen. Daher ist der Informationsgewinn hinsichtlich einer Verbesserung meist gering. Anregungen für größere Veränderungen fehlen, da die Aufmerksamkeit nicht auf wirkliche Weltklasse-Leistungen gerichtet wird.

Äußere Einflüsse werden von der Führungsebene ungern akzeptiert, da sie der Überzeugung entgegenwirken, dass ihre Firma einzigartig sei und dass Lösungen, die für andere ideal sind, nicht in die eigene Organisation passen. Solche Hemmnisse können mit dem internen Benchmarking beseitigt werden, da es sich auf unternehmensinterne Praktiken konzentriert. Somit wirkt es dem Widerstand nach Veränderung entgegen und erleichtert den Veränderungsprozess für notwendige Verbesserungen. Scheinbare Sicherheiten, die aus gewohnten Abläufen resultieren, können im Gespräch hinterfragt und gefahrlos angegangen werden. Diese Offenheit bringt meist die Erkenntnis, dass Unternehmen in den verschiedenen Bereichen oft mehr Gemeinsamkeiten als Unterschiede aufweisen.

Mit Hilfe des internen Benchmarking kann objektiv aufgezeigt werden, welche Gruppe die beste Verbesserung durchgeführt hat. So kann ein interner Wettbewerb ausgelöst werden, der einen Veränderungsprozess verstärkt, zu neuen Überlegungen anregt und Experimente mit neuen Methoden legitimiert. Ebenso deutlich werden Schwachstellen und Engpässe erkennbar. Die Reparatur dieser Schwachstellen eines Unternehmens stellt einen wertschöpfenden Vorgang dar. Es sollte jedoch vermieden werden, einzelnen Personen die Schuld zuzuschreiben. Die Abläufe insgesamt müssen verbessert werden, damit die gesamte Organisation effektiver funktionieren kann.

Objektive Messkriterien beinhalten stets, dass Ereignisse gemessen und sichtbar gemacht werden können. Dahinter liegende Problemfelder werden erst hierdurch ins Bewusstsein gehoben. Internes Benchmarking kann Kommunikationskanäle innerhalb einer Organisation öffnen und Grenzen beseitigen, die ein dauerhaftes Streben nach ständiger Verbesserung behindern. Damit ein Unternehmen weiß, welches der beste Weg ist, muss es seine Position kennen. Hierzu ist der blockierte Erfahrungsaustausch über Verfahrensdetails zu überwinden, der durch eine Dezentralisierung von Organisationseinheiten entstanden ist und dessen Ergebnis häufig ein Konkurrieren um die knappen offenen Ressourcen ist. So entsteht ein Verhalten, das das in einem Teil der Organisation erlernte Wissen nicht weiterverbreitet, weil es zu einem Vorteil innerhalb der Organisation führt. Dieses Verhalten kann sich jedoch eine Organisation nicht leisten, die zu den Besten gehören möchte. Nur die optimale Nutzung von intellektuellem Besitz und Erfahrungen und die gemeinsamen Anstrengungen der gesamten Organisation ermöglichen es, das Unternehmen wettbewerbsfähig zu erhalten. So wird gewonnenes Wissen intern verbreitet und für alle Teile der Organisation nutzbar, anstatt nur für einen kleinen Teilbereich.

In Tab. 5 werden die Vor- und Nachteile des internen Benchmarking gegenübergestellt.

Internes Benchmarking / Kriterien	Vorteile	Nachteile
Informationsbeschaffung	einfach (Erhöhung der Kommunikationskanäle möglich)	Widerstand gegen Preisgabe der eigenen Vorteile
Anwendungsbereich	auf alles anwendbar	–
Messgrößenausarbeitung	einfach	u. U. Abstimmungsschwierigkeiten
Auswahl der Partner	einfach	–
Kontaktaufnahme	einfach	Angst vor internen Veränderungen
Austausch	einfach (Austausch von Prozessmodellen leichter möglich durch Verwendung der gleichen Modellierungsmethoden)	Kompetenzprobleme (besonders in Matrixorganisationen)
Positionierung	Aufzeigen von internen Bestleistungen	keine Positionierung nach außen möglich
Vergleichbarkeit	hoch	interne Vorurteile
Akzeptanz	wirkt dem Widerstand nach Veränderung entgegen	Angst vor Schuldzuweisung

Kriterien \ Internes Benchmarking	Vorteile	Nachteile
Übertragbarkeit	relativ einfach	länderübergreifend schwierig wegen unterschiedlicher Rahmenbedingungen (z. B. Steuerrecht)
Wettbewerbsproblematik	Offenlegung aller Daten möglich; keine Gefahr, Betriebsgeheimnisse an Externe weiterzugeben	–
Ergebnisse	klare vergleichbare Ergebnisse	begrenzter Blickwinkel/keine bahnbrechenden Innovationen
Rechtsprobleme	keine	—

Tab. 5: *Bewertung des internen Benchmarking*

Durch internes Benchmarking können einzelne Abteilungen durch Analyse und Implementierung neuer Verfahren und Prozeduren zusammengeführt werden. Dadurch wird die Tendenz vermindert, ständig neue Praktiken zu erfinden, die möglicherweise in einem Teil der Organisation umgesetzt werden können, im anderen Teil jedoch keine Wirkung erzielen. Anhand dessen lassen sich diejenigen Elemente extrahieren, die für ein externes Benchmarking nötig sind. Klare Zielvorstellungen sind notwendige Bedingung für den Blick nach außen, da die Verschwendung wertvoller Ressourcen vermieden werden soll.

Internes Benchmarking stellt Stärken und Schwächen des Unternehmens fest und bietet die Möglichkeit der Differenzierung. Zur Erlangung einer Weltklasse-Position ist es jedoch nicht ausreichend, da der fehlende Blick nach außen eine große Einschränkung darstellt.

2.6.2 Externes Benchmarking

Externes Benchmarking ist die Durchführung des Benchmarking außerhalb der eigenen Organisation. Es wird untergliedert in konkurrenzbezogenes, branchenbezogenes und branchenunabhängiges Benchmarking.

Konkurrenzbezogenes Benchmarking bedeutet Vergleich und Analyse der Produkte, Leistungen, Abläufe u. a. bei direkten Wettbewerbern.

Branchenbezogenes Benchmarking hat die gleichen Zielsetzungen wie das konkurrenzbezogene Benchmarking, erweitert den Vergleichsrahmen jedoch auf die gesamte Branche.

Branchenunabhängiges Benchmarking bedeutet das Lernen von anderen unabhängig von der eigenen Branche. Grundgedanke ist der Vergleich von Geschäftsprozessen. So kann die Distribution von Kopierern mit der von Sportartikeln verglichen oder der Bestückungsprozess in der Lebensmittelindustrie dem in der Elektronikindustrie gegenübergestellt werden.

Konkurrenzbezogenes Benchmarking

Beim konkurrenzbezogenen Benchmarking findet der Vergleich mit der direkten Konkurrenz statt. Wenn sich die Untersuchungsobjekte nicht gegeneinander richten, können Benchmarking-Projekte mit Wettbewerbern gemeinsam durchgeführt werden. Beispiele hierfür sind Produktionsmanagement, Sicherheitsvorkehrungen, Prämien oder Fortbildungsmaßnahmen.

Externes konkurrenzbezogenes Benchmarking wird häufig von unabhängigen Dritten durchgeführt. Dies soll dazu dienen, die wettbewerbsrelevanten Informationen herauszufiltern und die leistungsspezifischen auf ein vorher festgelegtes Maß zu normieren. Als Fallstudie können diese Ergebnisse veröffentlicht werden. Im Idealfall nehmen mehrere Unternehmen an einem solchen Projekt teil. Auf diese Weise können die Ergebnisse von mehreren genutzt und die Kosten geteilt werden.

Obwohl das externe konkurrenzbezogene Benchmarking schon weit über das interne Benchmarking hinausgeht, stößt es sehr schnell an Grenzen, die eine Entwicklung hin zur Weltklasse behindern. Mit konkurrenzbezogenem Benchmarking ist es maximal möglich, mit der Konkurrenz gleichzuziehen. Die Konkurrenz hat sich aber in der Zwischenzeit ebenfalls weiterentwickelt, sodass weiterhin ein Abstand besteht.

Des Weiteren ist es schwierig, Konkurrenten zur Mitarbeit an einem Benchmarking-Projekt zu gewinnen, da der Austausch wettbewerbsrelevanter Informationen in einem gleichwertigen Verhältnis problematisch ist. Es bestehen immer Befürchtungen, dass es zu Verletzungen des Wettbewerbsrechts und zum Einsatz unfairer Methoden kommt. Primäre Informationen werden zurückgehalten, um Marktanteile zu sichern. Aus diesem Grund greifen häufig die an einem konkurrenzbezogenen Benchmarking interessierten Unternehmen auf Unternehmensberater zurück. Zudem sparen sie durch den Einkauf von Expertisen, Legitimität und Hilfe von Dritten in Form von Datensammlung und Kontaktherstellung zu Konkurrenten Zeit und Kosten. Dies bedeutet jedoch eine starke Verringerung des möglichen Lerneffekts, der sonst mit Benchmarking verbunden ist. Entscheidend für ein erfolgreiches konkurrenzbezogenes Benchmarking ist jedoch der Zugang zu Informationen über Verfahren der Konkurrenz.

Branchenbezogenes Benchmarking

Branchenbezogenes Benchmarking geht über den bloßen Vergleich zweier Firmen hinaus und legt seinen Schwerpunkt auf die Auffindung von Trends. Es analysiert die Leistungsfähigkeit einer bestimmten Funktion in branchenweiter Anwendung. Dazu ist es notwendig, eine größere Gruppe von Unternehmen zu untersuchen, die den gleichen Markt mit ähnlichen Produkten beliefern. Es sollen Trends ermittelt werden und keine Wettbewerbspositionen. Die Grenzen zum konkurrenzbezogenen Benchmarking sind fließend und bis heute gibt es noch keine Antwort auf die Frage, wo ein zielgerichtetes Benchmarking aufhört und die Trendforschung beginnt. So ähneln sich auch die Vor- und Nachteile des branchenbezogenen und des konkurrenzbezogenen Benchmarking.

Mit Hilfe des branchenbezogenen Benchmarking können gute Ergebnisse durch den Vergleich von Prozessen erzielt werden. Auch diese Form des Benchmarking wird häufig von externen Experten durchgeführt, da ein potenzielles Bedürfnis nach „verdeckten" Ergebnissen besteht. Die Gefahr dabei kann darin bestehen, dass innerhalb einer Branche Regeln mit großem Ähnlichkeitsgrad entwickelt wurden, die den externen Experten nicht bekannt sind und daher von ihnen nicht als solche erkannt werden können.

Branchenunabhängiges Benchmarking

Branchenunabhängiges Benchmarking hat einen noch weiteren Betrachtungshorizont als die vorher beschriebenen Formen. Unternehmen, die in keinem Wettbewerbsverhältnis zueinander stehen, sind schneller zu einem offenen Informationsaustausch bereit. Allerdings ist dieses auch vom Unternehmensbereich abhängig. Insbesondere im F&E-Bereich sind viele Unternehmen nicht zur Preisgabe von Informationen bereit. Der branchenunabhängige Vergleich birgt wesentlich größere Innovationspotenziale. Um diese voll auszuschöpfen, ist allerdings ein gründliches Herausarbeiten der Übertragungsmöglichkeiten nötig.

Beim branchenunabhängigen Benchmarking ist ein Vergleich von Prozessen notwendig, da nur auf diesem Wege eine branchenübergreifende Vergleichbarkeit der Benchmarking-Objekte möglich ist.

In nachstehender Tabelle werden die Formen des externen Benchmarking gegenübergestellt (Tab. 6). Hier wird ersichtlich, dass das branchenunabhängige Benchmarking mehr Potenziale birgt als die anderen Arten. Besonders auf Basis von Prozessen weist es die größte Effektivität auf.

2.6.3 Produkt-Benchmarking

Eine effektive Methode zum Benchmarking von Produkten und technischen Lösungen ist die des Reverse Engineering. Dabei wird das eigene Produkt einem Wettbewerberprodukt gegenübergestellt. Beide Produkte werden in ihre Einzelteile zerlegt und miteinander verglichen. Dies dient zur Ermittlung von Differenzen im Funktionsumfang und der Verschiedenartigkeit von technischen Lösungen. Die aufgefundenen Unterschiede werden bewertet und in Kostende-

Kriterien / Blickwinkel	Konkurrenzbezogenes Benchmarking	Branchenbezogenes Benchmarking	Branchenunabhängiges Benchmarking
Informationsbeschaffung	schwierig und aufwendig	aufwendig	leicht
Anwendungsbereich	stark eingeschränkt	eingeschränkt	umfassend
Verbesserungschancen	mittel	groß	groß
Auswahl der Partner	einfach	einfach	schwierig ohne Unterstützung
Kontaktaufnahme	leicht möglich	einfach	schwierig
Austauschbereitschaft	kaum vorhanden	allgemein vorhanden	sehr groß
Positionierung	möglich	möglich, aber aufwendig	schwierig
Vergleichbarkeit	einfach, jedoch nicht bei wichtigen Prozessen	mittel – nur auf Basis von Prozessen möglich	muss auf Prozessbasis herausgearbeitet werden

Wettbewerbs-problematik	hoch	vorhanden	kaum vorhanden
Übertragbarkeit	gut	vorhanden	vorhanden
Rechtsprobleme	häufig	kaum	in seltenen Fällen

Tab. 6: *Bewertung des externen Benchmarking*

tails umgesetzt. Basis der Kostenschätzung sind die Kosten für die Realisierung der technischen Lösung im eigenen Unternehmen. Nun werden leistungs- und designabhängige Unterschiede ermittelt. Die leistungsabhängigen Differenzen werden weiter unterteilt in solche, die beim Kunden eine Preisprämie erlauben und solche, wo dies nicht gilt.

Produkt-Benchmarking dient vor allem der Kostenreduktion durch Redesign existierender Produkte sowie durch die Realisierung identifizierter Verbesserungsmöglichkeiten bei der Entwicklung neuer Produkte.

Reverse Engineering bietet den Vorteil schneller Verbesserungen und Implementierungen. Da Verbesserungen sehr schnell umgesetzt werden können, hat Reverse Engineering erhebliche Motivierungsmöglichkeiten für die Mitarbeiter.

2.6.4 Prozess-Benchmarking

Beim Prozess-Benchmarking ist die Prozessorientierung von wesentlicher Bedeutung. Sie dient der Ausrichtung der Unternehmensorganisation nach den tatsächlichen Abläufen. Dafür wird ein Prozessmanagement benötigt. Ziel des Prozessmanagements ist die frühzeitige Beeinflussung des Ergebnisses durch Regelung des Prozesses. Zu diesem Zweck müssen die Prozesse durchgängig untersucht werden. Diese Untersuchung zeigt nicht nur Effizienzunterschiede der Prozesse auf, sondern auch die Bedingungen, unter denen die Wertschöpfung erfolgt. Durch den Vergleich der eigenen Prozesse mit anderen können innovative Lösungen zur Gestaltung von Geschäftsprozessen gefunden werden. Es wird von der Annahme ausgegangen, dass in anderen Unternehmen bestimmte Prozesse effektiver durchgeführt werden als im eigenen Unternehmen. Das Prozess-Benchmarking hat als

Betrachtungsgegenstand Prozesse, die verbessert werden sollen. Zu diesem Zweck müssen sie präzise definiert, geeignet strukturiert und anhand relevanter und geeigneter Messgrößen quantifiziert werden. Diese Messgrößen bilden die Grundlage für den Vergleich mit den entsprechenden Prozessen der Benchmarking-Partner. Die Gegenüberstellung soll zeigen, warum vergleichbare Prozesse beim Benchmarking-Partner besser gelöst werden. Anschließend erfolgt der Transfer von Fremdwissen in Systemwissen. Zur erfolgreichen Durchführung eines Prozess-Benchmarking muss die Vergleichbarkeit der Prozesse ebenso wie die Übertragbarkeit von Praktiken anderer Unternehmen auf die eigenen Prozesse gewährleistet sein.

Zusammenfassend lässt sich folgende **Definition** für Prozess-Benchmarking geben:

Prozess-Benchmarking ist der Vergleich ähnlicher Prozesse mit dem Ziel der Prozessoptimierung. Unabhängig von Wettbewerbs- oder Branchengrenzen bezieht sich der Vergleich auf unternehmensinterne, bracheninterne oder branchenunabhängige Prozesse. Dabei werden die Unterschiede, deren Ursachen und Möglichkeiten zur Verbesserung ermittelt.

Standen bisher die Betrachtung und der Vergleich von Kennzahlen im Vordergrund, so liegt der größte Wert des Prozess-Benchmarking darin, die Hintergründe (Prozesse) zu verstehen, die zu den Resultaten (Kennzahlen) führten. Das Wesentliche dabei ist nicht das Messen und Quantifizieren der eigenen Leistung. Es gilt, die eigenen für das Unternehmen entscheidenden Arbeitsabläufe zu erkennen sowie zu verstehen, warum vergleichbare Prozesse beim Benchmarking-Partner so gut funktionieren.

In der Literatur werden einheitlich als Schritte des Prozess-Benchmarking die Identifikation der zu „benchmarkenden“ Prozesse, die Darstellung der Prozesse, der Vergleich mit anderen sowie das Lernen voneinander aufgeführt. Die Leistung einer Organisation steigt mit der Leistung ihrer Prozesse.

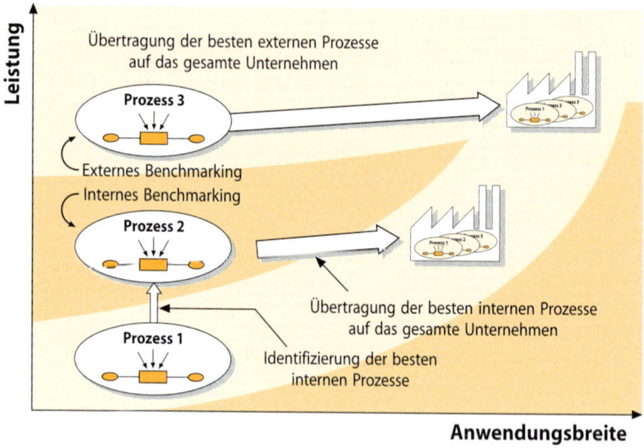

Bild 8: *Stufen des Prozess-Benchmarking*

Beim internen Benchmarking wird durch den Vergleich mit ähnlichen Prozessen, die sich aber auf unterschiedlichem Leistungsniveau befinden, eine Optimierung der eigenen Prozesse erzielt. Auf diese Weise kann eine Organisation das Niveau ihrer Prozesse anheben. Durch eine Erweiterung der Betrachtungsebene, d. h. auf ähnliche Prozesse außerhalb der Organisation, ist eine weitere Prozessoptimierung möglich. Durch die Umsetzung dieses neuen Leistungsniveaus auf alle vergleichbaren internen Prozesse steigt kontinuierlich die Leistung der gesamten Organisation. Dies erhöht die Wettbewerbsfähigkeit und Gewinne. Die prozessorientierte Unternehmensorganisation wird immer stärker als eine wichtige Grundlage für ein erfolgreiches umfassendes Qualitätsmanagement gefordert. Zudem ist es möglich, die Effektivität dieser völlig neuen Denkweise in messbaren Größen abzubilden. Erfahrungen vieler Organisationen, die erfolgreich das umfassende Qualitätsmanagement implementiert haben, beweisen, dass der an den Geschäftsprozessen orientierte Denkansatz ein wichtiges Element zur effizienten Gestaltung von Unternehmen darstellt.

Anwendungsfelder des Prozess-Benchmarking

Das Anwendungsfeld ist sehr weit. Es ist sinnvoll, Benchmarking zuerst auf Kernprozesse, dann auf weitere ausgewählte Prozesse und später auf Subprozesse anzuwenden.

Ein weiterer Aspekt des Prozess-Benchmarking ist die gezielte Identifizierung und Verbesserung von Kernprozessen. Zu ihnen gehören Prozesse, deren Durchlaufzeit und Kapazitätsbindung die größten Probleme bereiten, die für den Nutzen der Kunden von großer Bedeutung sind, deren Überarbeitung aber auch deutliche Erfolgspotenziale bietet. Sie sind so auszurichten, dass sie dem Unternehmen eine optimale Wertschöpfung bieten.

Der Vergleich der Kernprozesse mit anderen Organisationen ermöglicht es, sich zu positionieren und zu verbessern. Dazu müssen die innovativsten und besten Praktiken sowie Möglichkeiten gesucht werden, sie auf den eigenen Prozess zu übertragen.

Folgende Fragestellungen können dabei im Vordergrund stehen:

- Wie sehen die Logistikprozesse führender Unternehmen aus?
- Welche Produktentwicklungsprozesse verfolgen erfolgreiche Unternehmen?
- Welche Umrüststrategien setzen Unternehmen der Spitzenklasse ein?
- Wie erfolgt die Rechnungsstellung in führenden Unternehmen?

Vorteile	Nachteile
• großes Verbesserungspotenzial durch branchenübergreifende Sichtweise • hoher Langzeitnutzen • gute Übertragbarkeit der gefundenen Best Practices	• Prozessdenken nicht bei allen Unternehmen ausgeprägt • branchenübergreifendes Benchmarking noch wenig verbreitet

Tab. 7: *Vor- und Nachteile des Prozess-Benchmarking*

Die Fragestellungen deuten darauf hin, dass die Unternehmen als Vergleichspartner ausgewählt werden sollten, die auf dem jeweiligen Gebiet Kernkompetenzen aufweisen. Es existieren in der Literatur bereits Listen, in denen die weltweit führenden Unternehmen nach unterschiedlichen Geschäftsprozessen bzw. Kernkompetenzen geordnet sind (Tab. 8). Die Schwierigkeit liegt in der jeweiligen Zuordnung und der Selektion der eigenen Anforderungen.

In Tab. 8 werden Beispiele für durchgeführte Benchmarking-Projekte dargestellt. Die Auswahl wurde auf eine bestimmte Problemstellung hin ausgearbeitet. Daher sind sie nicht einfach übertragbar.

Geschäftsprozesse/ Kernkompetenzen	Unternehmen
Logistik/Distribution	L. L. Bean, Hershey Foods, Wal-Mart
Total Quality Management	Toyota, Komatsu, Fuji, Rank Xerox, Texas Instruments
Globalisierung der Vermarktung	Toyota, McDonald's
Produktentwicklung	Motorola, Sony, 3M, Fanuc
Prägung einer Markenphilosophie; Branding	Philip Morris (Marlboro), Coca-Cola, Beiersdorf (Nivea, Tesa), Nestlé
Marketing	Procter & Gamble, Mars, Microsoft, Nestlé
Automatisierte Bestandskontrolle	Federal Express, Apple, L. L. Bean
Prozessorientierung	IBM, Philips
Rechnungserstellung	American Express, MCI
Miniaturisierung von Produkten	Sony
Lieferantenbewertung	Komatsu
Mitarbeiterführung	3M, D2D
Einkauf	Honda, Xerox, IBM
Flachbaugruppen-Bestückung	Matsushita Electric (Kyushu), Sony

Geschäftsprozesse/ Kernkompetenzen	**Unternehmen**
Kundenreklamationssysteme	Rank Xerox, IBM, Hewlett-Packard, Texas Instruments
Kundenzufriedenheits-Messsysteme	Schwedische Telekom, Hilti, Club Mediterranée, AT&T
Kundenorientierte Technikeinführung	Citicorp

Tab. 8: *Ausgewählte Beispiele für Kernkompetenzen oder weltweit beste Geschäftsprozesse*

Schwierigkeiten bei der Durchführung eines Prozess-Benchmarking

Bei einem Prozess-Benchmarking werden Unternehmen gesucht, die verwandte oder identische Geschäftsprozesse aufweisen und diese erfolgreicher durchführen. Diese vergleichbaren Geschäftsprozesse müssen erkannt werden. Ebenso muss die Vergleichbarkeit und Übertragung der Praktiken auf das eigene Unternehmen gewährleistet sein. Nicht vergleichbar sind die Geschäftsprozesse bei

- fehlenden Ähnlichkeiten in der Prozessstruktur,
- Nichtübereinstimmung der Zielgrößen,
- der Fehlannahme, dass eine Produktvergleichbarkeit gleichbedeutend ist mit einer Prozessvergleichbarkeit.

Bisher existiert keine systematische Vorgehensweise zur Anwendung des Benchmarking auf Prozesse. Folglich erfolgt die Auswahl der Vergleichsunternehmen unsystematisch und zufällig. Es fehlt an Prozessbewertungsmöglichkeiten, und somit ist das Auffinden vergleichbarer Messgrößen problematisch. Aber auch die Beschaffung von Informationen erweist sich als schwierig. Diese Schwierigkeiten verdeutlichen, dass bei der Auswahl von Benchmarking-Partnern und dem anschließenden Prüfen der Vergleichbarkeit andere und erweiterte Kriterien und Informationen angewandt werden müssen.

Hilfe bietet hier Benchmarking-Software, die eine systematische Suche nach Ähnlichkeiten durch eine Unternehmensklassifikation und eine Prozessoptimierung (siehe Kapitel 3) ermöglicht.

Bei der Suche nach Analogien sind Struktur und Messgrößen des Prozesses nur von vordergründiger Bedeutung. Die Vergleichbarkeit der Geschäftsprozesse und die Übertragbarkeit von Gestaltungsmerkmalen betrieblicher Abläufe muss auch zwischen branchenfremden Unternehmen gewährleistet sein. Beste Verfahren, die in anderen Branchen praktiziert werden, können durch das Betrachten des zu vergleichenden Prozesses mit dessen Merkmalen und Anforderungen entdeckt werden. Eine funktionsorientierte Sichtweise mit dem Festhalten an der Vergleichbarkeit von Funktionsbereichen macht es unmöglich, vergleichbare und umsetzbare Ergebnisse in anderen Branchen zu erhalten. Dazu ist der Unterschied von Funktionsbereichen hinsichtlich ihrer zugeordneten Aufgaben und Inhalte innerhalb der einzelnen Branchen zu groß. Häufig sind jedoch die Abläufe der Geschäftsprozesse vergleichbar, da sie nicht an Funktionsbereiche gebunden sind. Dies gilt besonders bei einfach strukturierten Abläufen.

2.6.5 Strategisches Benchmarking

Benchmarking kann auch zur Strategieentwicklung und -überprüfung genutzt werden.

Strategisches Benchmarking muss auf folgende Fragen zufrieden stellende Antworten liefern:

- Was soll erreicht werden?
- Wie soll es erreicht werden?
- Wo soll es eingesetzt werden? (Welcher Prozess?)
- Wie viel ist umgesetzt worden? (Woran ist es gescheitert?)

Strategie

Strategie ist abgeleitet vom griechischen „stratos“ (Heer) und „agos“ (Führer) und wird i. e. S. als die Kunst der Kriegführung verstanden. Im weiteren Sinne ist es der Entwurf und die Durchführung eines Gesamtkonzepts, nach dem der Handelnde in der Auseinandersetzung mit anderen ein bestimmtes Ziel zu erreichen sucht.

Der Zweck einer Strategie besteht darin, für das Unternehmen eine Position zu finden, in der es sich am besten gegen die Wettbewerbskräfte schützen oder sie zu seinen Gunsten beeinflussen kann. Die Entwicklung einer Strategie beinhaltet demzufolge auch immer den Ausbau und die Entwicklung von Erfolgsfaktoren und deren Einsatz. Schlüssel für die erfolgreiche Strategieentwicklung ist das Verständnis für die Ursprünge der Wettbewerbskräfte. Die Kenntnis dieser Zusammenhänge bestimmt die entscheidenden Stärken und Schwächen des Unternehmens. Ebenso ermöglicht eine Strategie, den Blick auf die potenziell einträglichsten Marktbereiche zu richten, die durch strategische Veränderungen erschlossen werden können. Sie zeigt ebenfalls auf, welche Trends die größten Chancen und Risiken bergen.

Bei der Entwicklung von Strategien sind verschiedenartige interne und externe Faktoren zu berücksichtigen. Außerdem müssen Strategien in das Gesamtkonzept des Unternehmens eingebunden werden, damit sie ihre Funktion erfüllen können. Externe und interne Faktoren bilden einen Entwicklungsrahmen für Strategien sowohl im Negativen (als Schwäche bzw. Risiko) als auch im Positiven (als Stärke bzw. Chance). Für ein Unternehmen ist die Kenntnis interner und externer Faktoren und deren Zusammenhänge von entscheidender Bedeutung zur Entwicklung erfolgreicher Strategien. Nachfolgend werden die Möglichkeiten des Benchmarking zur Auffindung, Erklärung und Nutzung dieser Faktoren aufgezeigt.

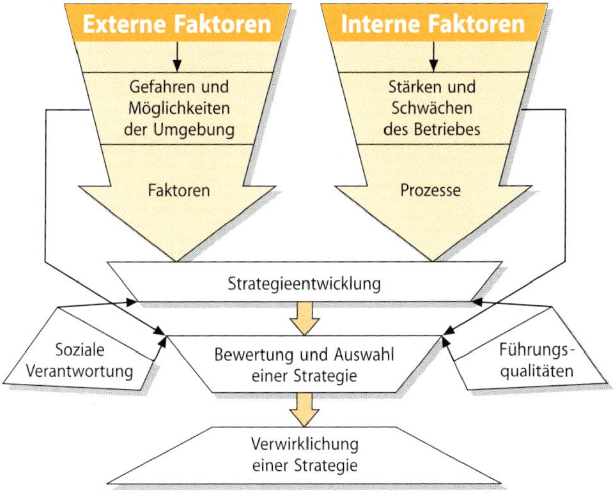

Bild 9: *Interne und externe Einflussfaktoren der Strategie (nach Mintzberg 1995)*

Benchmarking und Strategie

Ziel und Zweck einer Strategie sind die Entwicklung und der Ausbau von Erfolgspotenzialen und Wettbewerbsvorteilen. Strategisches Benchmarking dient der Verbesserung von Strategien, der Verbesserung der Voraussetzungen für die Strategieentwicklung sowie der Erlangung von Wettbewerbsvorteilen und deren Ausbau.

Definition: Strategisches Benchmarking ist ein Werkzeug zur Bestimmung und Ausrichtung zukünftiger Schlüsselbereiche – Kernkompetenzen – sowie der Kernprozessverbesserung. Es ist ein objektives Frühwarninstrument, um langfristige Entwicklungen, die aus externen und internen Veränderungen entstehen, zu erkennen und rechtzeitig reagieren zu können.

Strategisches Benchmarking ist die Suche nach den besten Strategien, die zu Spitzenleistungen führen. Dazu müssen die Voraussetzungen für diese besten Strategien bekannt sein.

Die vorhandenen Vorstellungen über Benchmarking müssen mit den neuen Anwendungsfeldern des strategischen Benchmarking verknüpft werden.

Diese Definition macht deutlich, dass das strategische Benchmarking nicht ein vollkommen neu konzipiertes Instrument der Strategieentwicklung ist, sondern eine Ausrichtung des bereits vorhandenen und empirisch fundierten Instrumentes auf strategische Besonderheiten.

Dabei geht es hauptsächlich um Positionierung und Bewertung der eigenen Organisation im Vergleich zu anderen hinsichtlich

- Markt- und Wettbewerbsführerschaft,
- Produkt- und Technologieführerschaft,
- Kostenführerschaft und
- optimalen Einsatzes von Methoden wie TQM und Reengineering.

Bei der Suche nach Strategien können verschiedene Perspektiven eingenommen werden. Projekte, in denen Branchen verschiedener Länder oder verschiedene Branchen miteinander verglichen werden, stehen auf der abstraktesten Ebene des strategischen Benchmarking. Globale Einsichten in die Vorgehensweise, Effektivität und technologische oder managementbezogene Entwicklungsrichtung der zugehörigen Unternehmen sollen gewonnen werden. Als Beispiel kann die MIT-Studie von Automobilunternehmen verschiedener Länder und Kontinente dienen.

Strategisches Benchmarking hat die folgenden Anwendungsfelder:

- Herausarbeitung strategischer Positionen und defizitärer Strategiefelder durch Länder- bzw. Branchenvergleiche,
- Ermittlung genereller strategischer Erfolgsfaktoren durch Strategievergleiche mit erfolgreichen Unternehmen,
- Ermittlung notwendiger Komponenten von Strategietypen durch „Benchmarken" mit Unternehmen mit gleicher strategischer Grundausrichtung,
- Überprüfung und Ergänzung der eigenen Strategie durch „Benchmarken" mit Strategien, die ein anderes Unternehmen in gleicher oder ähnlicher Situation zuvor angewandt hat.

Strategisches Benchmarking als objektive Standortbestimmung im Wettbewerb liefert die erforderlichen Informationen über die Leistungsfähigkeit der Wettbewerber. Es definiert Ziele, die ein Unternehmen erreichen muss, um mit den besten Wettbewerbern gleichzuziehen oder sie zu übertreffen. In Kombination mit dem Prozess-Benchmarking können konkrete Maßnahmen erarbeitet werden, durch die eine Organisation Weltklasse wird bzw. bleibt.

2.6.6 Organisationsformen des Benchmarking

Die Projektorganisation eines Benchmarking kann in mehreren Varianten erfolgen. Die nachfolgend skizzierten Grundformen sind in der Praxis sowohl in reiner Form anzutreffen als auch in diversen Mischformen.

Konsortium-Benchmarking

Hierbei schließen sich mehrere Unternehmen unter einer gemeinsamen Fragestellung zusammen und ermitteln aus den Daten die besten Praktiken. Die Palette der zu untersuchenden Themenbereiche reicht von Personalfragen zu Facility Management oder Gruppenarbeit bis Luftfrachten. Die Mitglieder des Konsortiums müssen nicht derselben Branche angehören, da der gemeinschaftliche Fokus das verbindende Element bildet.

Diese Vorgehensweise birgt entscheidende Vorteile:

- erhebliche Kostensenkung durch Splittung der Aufwände,
- Gewinnung von verlässlichem Datenmaterial durch gemeinsame Zielstellung,
- schnellere, effektivere Datenerhebung durch eine hohe Bereitschaft zur Zusammenarbeit und Datenlieferung,
- geringerer Aufwand für das einzelne Unternehmen,
- Bildung eines Unternehmenspools für eine weitere Zusammenarbeit und damit
- Basis für die Unterstützung eines kontinuierlichen Verbesserungsprozesses mittels Benchmarking.

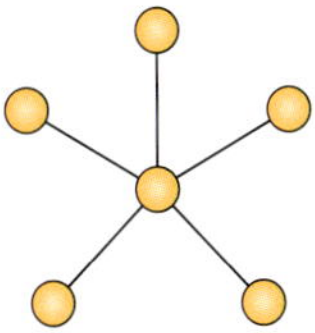

„Benchmarking-Stern"

- ein Koordinator erarbeitet den Fragebogen, wertet aus und stellt den Partnern die Daten zur Verfügung
- kein Kontakt zwischen den einzelnen Partnern
- Einsatz nur im Ausnahmefall möglich, z.B. bei einem weltweiten Benchmarking

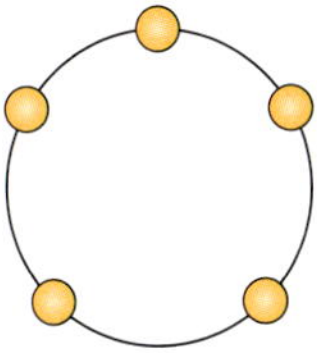

„Benchmarking-Zirkel"

- Fragebogen wird gemeinsam erarbeitet und ausgewertet
- kontinuierlicher Informationsaustausch zwischen den Partnern
- ungeeignet für Erstprojekte, jedoch bei einem kontinuierlichen Benchmarking-Prozess sinnvoll

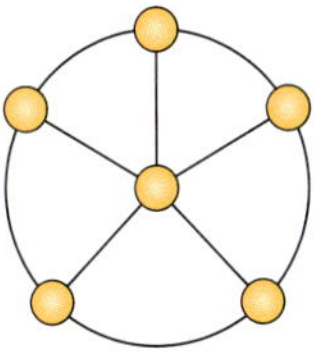

„Benchmarking-Rad"

- Fragebogen wird gemeinsam erarbeitet
- ein Unternehmen/Koordinator wertet federführend aus
- kontinuierlicher Informationsaustausch zwischen den Partnern
- empfehlenswert für den Ersteinsatz bei Benchmarking-Einsteigern

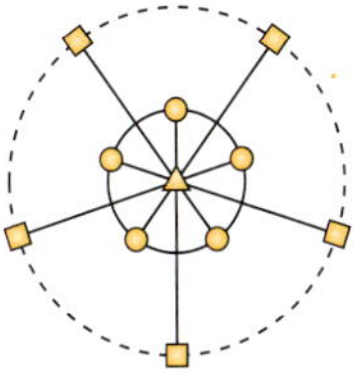

„Konsortium-Benchmarking"

- Kernbereiche bereits initiiert und ausgearbeitet
- eingeschränkter Austausch
- federführender Koordinator (intern oder neutral)
- empfehlenswert für fokussierte Fragestellung und einem kontinuierlichen Verbesserungsprozess

Bild 10: *Organisationsformen des Benchmarking*

Es ist sinnvoll, ein Konsortium-Benchmarking als Anstoß für einen kontinuierlichen Verbesserungsprozess zu nutzen. Üblicherweise wird die Datenerhebung in regelmäßigen Abständen (monatlich/halbjährlich/jährlich) durchgeführt. Dabei wird eine Datenbank zur Verfügung gestellt, die meist online von den Teilnehmern abgefragt werden kann und die neben Positionierungen und Potenzialen auch Trends darstellt.

Vorteile einer kontinuierlichen Datenerhebung:

- Die Vorarbeiten sind bereits geleistet,
- die Untersuchungskriterien sind definiert,
- das Messwerkzeug existiert,
- die strukturierte Benchmarking-Datenbank ist vorhanden,
- schnelle Verfügbarkeit der Daten über Web-Integration.

2.7 Wie starte ich Benchmarking?

Für die erfolgreiche Durchführung eines Benchmarking ist die Auslösung durch die Geschäftsleitung erforderlich. Ist seitens der Mitarbeiter Überzeugungsarbeit nötig, steht am Anfang die Sammlung von Argumenten für den Einsatz des Benchmarking. Hilfreiche Fragestellungen sind zum Beispiel:

- Welche zusätzlichen Vorteile bringt gerade der Einsatz des Benchmarking gegenüber anderen Verbesserungsmethoden?
- Welche Ergebnisse können erzielt werden, die sonst nicht erreichbar wären?
- Wie finde ich ausreichende Unterstützung bei der Durchführung des Benchmarking?
- Welche Ressourcen müssen eingesetzt werden?

Wenn Sie die Geschäftsführung von Ihrem Projekt überzeugt und als Förderer gewonnen haben, können Sie mit der Vorbereitung des Benchmarking starten.

- Stehen genügend Ressourcen zur Verfügung?
- Welche Datenquellen können genutzt werden?
- Welche Art von Benchmarking soll verwendet werden?
- Gibt es im Unternehmen schon Benchmarking-Know-how?
- Sollen externe Berater für das Benchmarking herangezogen werden?

2.8 Wie bereite ich Benchmarking vor?

Um ein Benchmarking sinnvoll vorzubereiten, müssen im Vorfeld die dafür relevanten Informationen gesammelt werden. Diese Informationen werden in den weiteren Schritten der Zielsetzungsphase zur Entscheidungsfindung zur Festlegung des Benchmarking-Objekts, dem Benchmarking-Team und der weiteren Projektplanung benötigt. Die folgenden Informationen sollten zur Vorbereitung eines Benchmarking ermittelt werden:

- die Markt- und Konkurrenzsituation Ihres Unternehmens,
- die Stärken und Verbesserungsbereiche Ihrer Unternehmensprozesse und
- die Ressourcen, die von Ihrem Unternehmen für die Durchführung des Benchmarking eingesetzt werden können.

Die Kenntnis der Markt- und Konkurrenzsituation sowie der Stärken und Verbesserungsbereiche Ihres Unternehmens bilden die Basis zur Bewertung verschiedener Benchmarking-Objekte. Ziel dieser Bewertung ist es, ein Benchmarking-Objekt auszuwählen, dessen Verbesserung ein möglichst hohes Erfolgspotenzial bietet.

In der Vorbereitungsphase sollte auch ein erster grober Zeit- und Kostenplan erstellt werden. Dazu ist es wichtig, vorab festzulegen, wer in das Projekt eingebunden werden soll. Ein Anhaltspunkt sind die Funktionen, die üblicherweise im Benchmarking vertreten sind:

- der Förderer des Benchmarking-Projektes (Macht-Promotor),
- der Fachmann für das Benchmarking-Objekt,
- der Benchmarking-Fachmann und
- der Moderator.

Darüber hinaus werden je nach Bedarf Mitarbeiter in das Projekt mit einbezogen, die das spezifische, prozessbezogene Fachwissen einbringen.

Die endgültige Festlegung des Zeit- und Kostenplanes für das weitere Projekt erfolgt erst auf der Basis von Informationen über das Benchmarking-Objekt, die Zielsetzung und das Benchmarking-Team.

Alle betroffenen Mitarbeiter sind rechtzeitig über das Projekt zu informieren, um aus unterschiedlichem Wissen resultierende Missverständnisse, Verzögerungen und Fehler zu vermeiden.

2.9 Häufig gestellte Fragen und deren Antworten

Im Zusammenhang mit Benchmarking gibt es eine Reihe immer wiederkehrender Fragen. Auf diese lassen sich teils allgemeine Antworten finden, aber sie können auch oft von speziellen Projekt- und Unternehmensbedingungen abhängen. In diesem Kapitel wird auf die wichtigsten dieser Fragen eingegangen.

Wie viel Zeit muss man für ein Benchmarking-Projekt einplanen?

Der Zeitbedarf eines Benchmarking-Projektes ist abhängig vom zu betrachtenden Benchmarking-Objekt. Es ist sinnvoll, einen zeitlichen Rahmen von sechs bis neun Monaten nicht zu überschreiten. Nur innerhalb dieser Zeitdauer ist eine Konzentration auf das Benchmarking-Projekt und eine kontinuierliche Projektbearbeitung praktisch umsetzbar. Des Weiteren sind umfangreichere Benchmarking-Projekte nur noch schwer handhabbar.

Wie teilt man ein Benchmarking-Projekt sinnvoll ein?

50 % der gesamten Projektdauer verbringen Sie im eigenen Unternehmen (Bild 11).

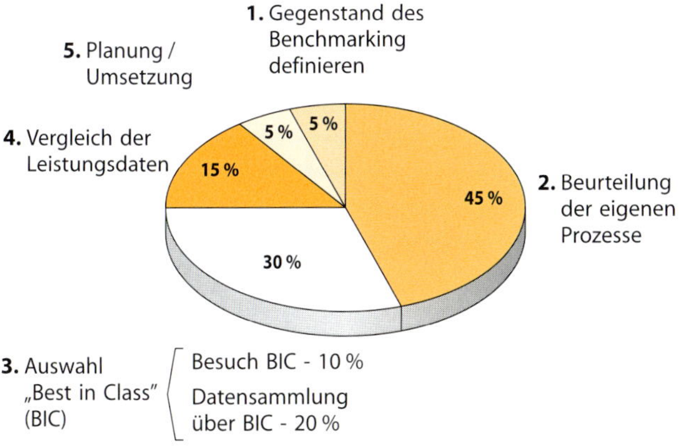

Bild 11: *Zeitaufteilung*

Quelle: 3M

Die letzten 5 % sind nicht der Zeitrahmen für die Umsetzung, sondern für die Planung der Umsetzung. Sollte das Benchmarking-Ergebnis zum Beispiel die Einführung einer Software sein, kann der dafür erforderliche Zeitrahmen bei bis zu 3 bis 7 Jahren liegen.

Mit welchen Kosten muss man bei der Durchführung eines Benchmarking-Projektes rechnen?

Die Kosten für ein Benchmarking-Projekt sind abhängig vom Benchmarking-Objekt sowie vom Anteil der intern zu erbringenden Leistungen.

Folgende Beispielrechnung lässt sich erstellen:

Im Benchmarking-Team sind mindestens zwei Mitarbeiter mit einer Auslastung von etwa 50 % einzuplanen. Die Kosten sind abhängig von den unternehmensspezifischen Verrechnungssätzen. Des Weiteren entstehen Kosten für die Projektsitzungen, Reisekosten sowie externe Kosten.

Personalkosten: Bei jährlichen Kosten von 50 000 € pro Mitarbeiter und einer Auslastung von etwa 50 % mit Aufgaben für das Benchmarking-Projekt kann von Personalkosten in Höhe von 50 000 € für zwei Mitarbeiter ausgegangen werden.

Projektsitzungen: In einem durchschnittlichen Benchmarking-Projekt werden etwa 20 Projektsitzungen mit jeweils 2–4 Teilnehmern notwendig. Geht man von einem zeitlichen Aufwand von vier Stunden je Sitzung aus, so fallen im Projekt etwa 80 Sitzungsstunden, bei durchschnittlich vier Teilnehmern 320 Stunden bei einem unternehmensspezifischen Verrechnungssatz von etwa 25 € je Stunde an. Damit belaufen sich die Kosten für die Projektsitzungen auf etwa 8 000 €.

Reisekosten: Im durchschnittlichen Benchmarking-Projekt sind drei bis sechs Unternehmensbesuche notwendig. Geht man von einer Größe der Besuchergruppe von drei bis sechs Personen und Reisekosten von etwa 300 € je Person und Besuch aus, so ergeben sich Reisekosten in Höhe von rund 10 000 €. Dazu kommen die Tagessätze der Mitarbeiter, in unserem Beispiel etwa 250 €, also etwa 9 000 €, sodass sich Gesamtkosten für Unternehmensbesuche in Höhe von 19 000 € ergeben.

Externe Kosten: Die Kosten für den externen Moderator sind abhängig von den vom Moderator zu erbringenden Leistungen, wie zum Beispiel Schulungen, Auswahl von Benchmarking-Partnern, Erhebung von Vergleichszahlen etc. In jedem Fall sollte von Kosten von 35 000 € bis 175 000 € für einen externen Moderator ausgegangen werden.

Damit ergibt sich im vorliegenden Modellprojekt die vorliegende Gesamtrechnung:

Bezeichnung	**Kosten**
Interne Kosten	
Personal	50 000 €
Projektsitzungen	8 000 €
Reisekosten	19 000 €
Gesamte interne Kosten	77 000 €
Externe Kosten	
Benchmarking-Moderator	100 000 €
Gesamtkosten	**177 000 €**

Tab. 9: *Kosten eines Benchmarking-Projektes*

Braucht man externe Unterstützung?

Für das erste Benchmarking-Projekt im Unternehmen wird in jedem Fall externe Unterstützung benötigt. Dies ist notwendig, um das erforderliche Benchmarking-Know-how im Unternehmen erst einmal aufzubauen.

Für weitere Projekte bietet sich externe Unterstützung zumindest für die Auswahl der Benchmarking-Partner sowie für die Vergleichsphase an, da eine durch qualifizierte Benchmarking-Spezialisten durchgeführte Auswahl ungleich effizienter und damit letztendlich kostengünstiger ist.

Wie groß muss das Benchmarking-Team sein?

Die Größe des Benchmarking-Teams ist abhängig vom ausgewählten Benchmarking-Objekt und den sich daraus ergebenden Schnittstellen, sollte aber zumindest zwei bis vier Mitarbeiter umfassen. Weitere Informationen finden Sie in Kapitel 2.8.

Müssen Mitarbeiter für Benchmarking freigestellt werden?

Dies hängt in erster Linie von der Intensität ab, mit der das Benchmarking-Projekt durchgeführt wird. Zumindest für den Projektleiter sollte das Benchmarking-Projekt die Haupttätigkeit sein. Die übrigen Projektmitglieder werden bedarfsbezogen eingesetzt.

Wo kann man Kennzahlen finden?

Hierfür wird ein gesonderter Plan nach der Zielsetzung und der Auswahl des Benchmarking-Objektes ausgearbeitet, in dem die Datenquellen, die anfallenden Kosten etc. aufgeführt sind. Weitere Informationen können Sie zum Beispiel beim Deutschen Benchmarking Zentrum (siehe auch Abschnitt 4.4) erhalten.

Wer kann Benchmarking im Unternehmen fördern?

Benchmarking kann im Unternehmen prinzipiell jeder fördern, der eine entsprechende Position mit genügend Einflussmöglichkeiten auf die Durchsetzung von Maßnahmen hat. Das können der Geschäftsführer, Vorstandsvorsitzende, Bereichsleiter etc. sein.

Ist die Suche nach Benchmarking-Partnern bereits vor Projektbeginn günstig?

In keinem Fall. Die Suche nach Benchmarking-Partnern wird erst sinnvoll, wenn das Benchmarking-Objekt und damit die relevanten Abläufe und Vergleichsgrößen untersucht sind. Bei einer früheren Suche sind die Anforderungen an den Benchmarking-Partner noch zu ungenau, sodass die Gefahr besteht, einen möglicherweise ungeeigneten Benchmarking-Partner ausgewählt zu haben.

Ein attraktiver Firmenname ist kein Garant für einen Benchmarking-Partner, der für das konkrete Benchmarking-Objekt geeignet ist.

Gibt es Gründe, sich mit dem eigenen Unternehmen zu benchmarken?

Prinzipiell ja. Die Gründe müssen mit den Vergleichsgrößen herausgearbeitet werden (vgl. Abschnitt 3.3).

Muss es unbedingt Benchmarking sein?

Benchmarking ist insbesondere eine Hilfe zur Verbesserung von Geschäftsprozessen. Der Vorteil besteht in der realistischen Überprüfung, welche besseren Praktiken in anderen Unternehmen vorhanden sind. Siehe auch Abschnitt 2.5 „Abgrenzung zu anderen Begriffen".

Können beim Benchmarking rechtliche Probleme auftreten?

Dies hängt von der Benchmarking-Art ab. Speziell beim konkurrenzbezogenen Benchmarking (siehe auch Abschnitt 2.6.2 „Externes Benchmarking") sind die Bestimmungen des Kartellamtes zu beachten.

Generell empfehlen wir, beim externen Benchmarking mit Wettbewerbern einen Rechtsbeistand zu konsultieren (Abschnitt 4.1 „Code of Conduct").

Muss man sein Know-how zur Verfügung stellen?

Grundsätzlich gilt: Offenheit fördert Benchmarking.
Siehe dazu auch Abschnitt 4.1 „Code of Conduct".

Muss man einen Vertrag mit dem Benchmarking-Partner eingehen?

Dies ist abhängig von der Unternehmenspraxis. Üblicherweise wird Benchmarking auf Grundlage des Code of Conduct durchgeführt. Sondervereinbarungen sind angebracht, wenn bestimmte Bereiche ausgegrenzt werden sollen.

Braucht man externes Training?

Dies ist in jedem Fall nötig, zum einen, um Zeitverluste zu vermeiden, zum anderen aus Qualitäts- und damit auch aus Kosten- und Zeitgründen.

Ist Benchmarking ein Kontrollinstrument?

Benchmarking darf in keinem Fall als Kontrollinstrument dienen. Ziel ist es, Geschäftsprozesse besser, schneller und damit billiger zu gestalten. Mitarbeiter sollen aktiv sehen und damit erleben, was andere Unternehmen tagtäglich praktizieren. Es ist also eher ein Verbesserungs- und Motivationsinstrument.

Eine alte fernöstliche Weisheit sagt: Einmal etwas zu sehen ist besser, als es hundertmal zu hören.

3 Wie führe ich ein Benchmarking-Projekt durch?

Viele Wege führen nach Rom. Das gilt auch für die Durchführung von Benchmarking. Die verschiedenen Vorgehensweisen unterscheiden sich in den Bezeichnungen und in der Anzahl der Phasen, sind aber inhaltlich weitgehend vergleichbar. Aus diesem Grunde konzentrieren wir uns hier auf das Fünf-Phasen-Konzept, welches als Basis für alle Erweiterungen dienen kann. Dabei wird auf die grundlegenden Inhalte und Aufgaben der einzelnen Phasen eingegangen, eine Handlungsanleitung für die einzelnen Phasen gegeben, aber auch auf mögliche Probleme und Tipps hingewiesen (Bild 12).

In der täglichen Benchmarking-Praxis können diese Kernphasen um unternehmensspezifische Schwerpunkte erweitert werden. Die Erfahrung zeigt, dass den Unternehmen die Prozessorientierung wichtiger ist als ein Glaubenskrieg von Phasenkonzepten. Zudem ist eine Anpassung an die jeweilige „Sprache" des Unternehmens immer von Vorteil für die Akzeptanz der Methode. Also keine Verwirrung aufkommen lassen, wenn Ihnen ein sechs-, sieben- oder sonstiges Phasenkonzept begegnet. Achten Sie auf die Inhalte, und Sie werden sehen, dass die Inhalte sich gleichen.

Es gibt verschiedene Benchmarking-Vorgehensweisen. Unterschiede bestehen nur in der Anzahl der Phasen. Die Inhalte sind generell gleich oder ähnlich!

Lassen Sie sich also nicht verwirren!

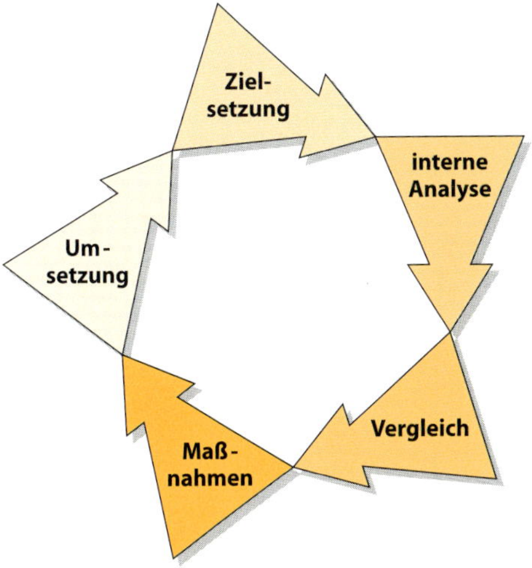

Bild 12: *Das Fünf-Phasen-Konzept des prozessorientierten Benchmarking*

3.1 Zielsetzungsphase

In der Zielsetzungsphase werden die Grundlagen, die Rahmenbedingungen und die Ziele für das weitere Benchmarking-Projekt festgelegt. Diese Phase ist entscheidend, damit das Benchmarking-Projekt in die richtigen Bahnen gesteuert wird. Der hohe Zeitaufwand der Zielsetzungsphase rechtfertigt sich durch die Vermeidung der vielen möglichen Fehler, die den weiteren Projektverlauf nachhaltig beeinflussen können.

WAS KOMMT AUF MICH ZU?

Um ein Benchmarking-Projekt zu planen, müssen im Vorfeld die dafür relevanten Informationen gesammelt werden.

Diese Informationen werden in den weiteren Schritten der Zielsetzungsphase zur Entscheidungsfindung herangezogen. Benötigte Informationen sind:

- die Markt- und Konkurrenzsituation des Unternehmens,
- themenspezifische Informationsrecherchen (Internet, Artikel, InFocus Reports, Best Practice Reports etc.)
- Stärken und Verbesserungsbereiche der Prozesse Ihres Unternehmens bzw. Ihrer Organisation und
- Ressourcen, die vom Unternehmen für die Durchführung des Benchmarking-Projektes eingesetzt werden können.

Engagieren Sie Profis für die Sammlung von Informationen. Time is money. Denken Sie daran, dass die Zeit viel zu schnell vergeht. Des Weiteren haben Sie auf viele relevante Daten keinen Zugriff.

Der nächste Schritt ist die Bestimmung des Benchmarking-Objektes. Dazu werden alle in Frage kommenden Benchmarking-Objekte auf Basis der im Vorfeld ermittelten Informationen bewertet. Benchmarking-Objekte können hierbei Produkte, Geschäftsprozesse, Dienstleistungen, Systeme und Methoden sein. Diese Bewertung erfolgt nach Kriterien, die jeweils individuell aus den strategischen Zielen des Unternehmens abgeleitet werden. Ziel dieser Bewertung ist es, ein Benchmarking-Objekt auszuwählen, dessen Verbesserung möglichst gute Ergebnisse für das Unternehmen liefert.

Nach Bestimmung des Benchmarking-Objektes werden die Ziele festgelegt, die im weiteren Benchmarking-Prozess verfolgt werden. Es erfolgt eine erste Quantifizierung dieser Ziele. Grundlage sind die im Vorfeld ermittelten Informationen über die Markt- und Konkurrenzsituation.

Nachdem das Benchmarking-Objekt und die Zielsetzung des Projektes festgelegt wurden, kann abgeschätzt werden, welche und wie viele Mitarbeiter das Benchmarking-Team bilden sollen (siehe Kapitel 2.9).

Die Festlegung eines Zeit- und Kostenplanes für das weitere Benchmarking-Projekt erfolgt auf Basis der Informationen über das Benchmarking-Objekt, der Zielsetzung und der geplanten Ressourcen.

Um aus unterschiedlichem Wissen resultierende Missverständnisse, Verzögerungen und Fehler zu vermeiden, werden alle betroffenen Mitarbeiter über die Inhalte und Zielsetzung des Benchmarking informiert. Dazu ist eine geeignete Kommunikationsstrategie zu entwickeln.

WIE GEHE ICH VOR?

Identifikation von Prozessen für Benchmarking-Projekte

Die Identifikation gliedert sich in

- die Vorbereitungsphase,
- die Auswahl eines kritischen Prozesses und
- die Zielvereinbarungen für den ausgewählten Prozess.

Vorbereitungsphase

In der Vorbereitungsphase werden alle relevanten Informationen zusammengetragen, die für die Durchführung der Zielsetzungsphase benötigt werden. Dabei stellen sich zwei Fragen:

- Welche Art von Informationen wird benötigt?
- Wo sind diese zu finden?

Informationen können intern und extern beschafft werden. Interne Informationen resultieren beispielsweise aus Selbstbewertungen, Audits, strategischen Zielen der Organisation und internen Prozessbewertungen. Ebenso wird – falls vorhanden – eine Liste der wichtigen Prozesse der Organisation inklusive deren Subprozesse benötigt. Die Kenntnis der Subprozesse erhöht die Transparenz und fördert das einheitliche Verständnis der wichtigen Prozesse bei allen Mitarbeitern.

Weiterhin sind interne Informationen aus dem Berichtswesen zu erhalten. Hierzu gehören Daten über die allgemeine Unternehmensentwicklung, Entwicklung der Kunden- und Lieferantenbeziehungen sowie die Entwicklung der Gewinn- und Verlustrechnung und der Bilanz.

Die Informationen sind so aufzubereiten, dass sie für ein Optimierungsprojekt genutzt werden können. Hierfür wurde der Unternehmens-Branchen-Benchmarker (UBB) entworfen. Er sammelt diese Informationen der letzten fünf Jahre eines Unternehmens und bereitet sie auf. Die Struktur des UBB ist in Bild 13 dargestellt.

Im Rahmen des UBB erfolgt die Eingliederung des Unternehmens in das relevante Branchenumfeld. Danach werden die verschiedenen Produktstrukturen bezogen auf die Unternehmens- und Branchenentwicklung dargestellt. Die ermittelten Ergebnisse werden miteinander verglichen. Im nächsten Schritt werden die Bilanzen der letzten fünf Jahre analysiert und die Entwicklung der Hauptaufwandsarten und -leistungsträger wird dargestellt.

Externe Informationen sind beispielsweise Branchenberichte, Kundenbefragungen, Produkt- und Servicevergleiche sowie Marketinganalysen. Nach Vorliegen und Auswertung dieser Informationen ist eine Organisation in der Lage, kritische Prozesse zu identifizieren. **Kritische Prozesse** sind in diesem Zusammenhang Prozesse, die Einfluss auf die Wettbewerbsfähigkeit haben und Verbesserungspotenziale aufweisen.

	Inhalt	Nutzen	Ergebnis
Phase 1 Standortbestimmung	- Grobanalyse und Abgleich der externen und internen Informationen nach Produktgruppen - Aufbau einer individuellen Datenbank	**Fitnesstest** - Marktbearbeitung - Führungsinstrumente - Kostentransparenz	Produktorientierte Marktposition
Phase 2 Positionierung	Aufzeigen von kritischen Abweichungen durch - Vergleich der Unternehmensentwicklung - dynamische Erfolgsbestimmung der Produktgruppen	**Fitnessüberwachung** Überwachung der - Beschaffungsmärkte - Wettbewerbssituation - Abnehmermärkte	Markttransparenz durch unternehmensindividuelle Zuordnung der Produktgruppen zu Einflussfaktoren des Marktes
Phase 3 Führung	- Abgleich der marktlichen Veränderungsprozesse und interner Strukturen	**Fitnesstraining** - Markttransparenz - Führungseffizienz	Gezielte Maßnahmen durch Abgleichen von externen Erfolgsfaktoren mit den Ressourcen des Unternehmens

Bild 13: *Die Methodik des Unternehmens-Branchen-Benchmarkers (UBB) im Überblick*

Der Unternehmens-Branchen-Benchmarker ist ein Produkt, welches am Institut für Prozessoptimierung und Informationstechnologien erhältlich ist (http://www.ipo-it.org).

Auswahl eines kritischen Prozesses

Bei der Auswahl eines kritischen Prozesses im Rahmen des Prozess-Benchmarking sind folgende Stufen zu durchlaufen:

- Stärken-Schwächen-Analyse, die zu einer Bereichseingrenzung bzw. zur Produkteingrenzung in der Organisation führen soll.
- Erhebung, Ausarbeitung und Bewertung von kritischen Erfolgsfaktoren.
- Prozessbewertung, hierdurch wird die Reihenfolge der zu bearbeitenden Prozesse festgelegt.
- Auswahl des zu bearbeitenden Prozesses mittels QPD-Prozessmatrix (Quality-Process-Deployment-Prozessmatrix).
- Ergebnisvisualisierung.

Der UBB bereitet die internen und externen Informationen in der Art auf, dass eine Eingrenzung auf einen Bereich oder ein Produkt erreicht werden kann. Erst nach dieser Beschränkung ist die Ausarbeitung der kritischen Erfolgsfaktoren (KEF) sinnvoll. Hierfür werden bereits ausgearbeitete KEF eingesetzt und im Rahmen eines Zielworkshops eventuell durch zusätzliche KEF ergänzt.

Die Prozessauswahl wird mit Hilfe einer Quality-Process-Deployment-Matrix (QPD-Matrix) getroffen. Die QPD ist eine Variante des Qualitätswerkzeuges Quality Function Deployment (QFD). In der QPD-Matrix werden auf der x-Achse die Prozesse aufgelistet und mit den KEF der y-Achse bewertet.

Die Bewertung erfolgt durch eine Punktevergabe. Es werden Punkte von 1 (sehr schlecht/sehr niedrig) bis 3 (sehr gut/sehr hoch) vergeben. Der Prozess mit der höchsten Punktzahl wird für das Projekt ausgewählt.

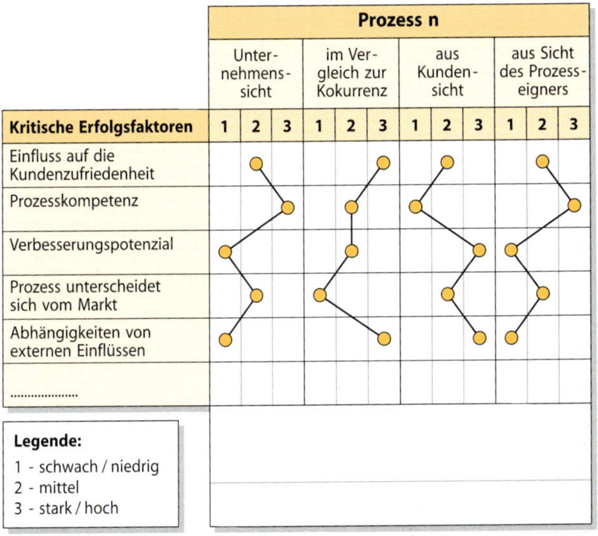

Bild 14: *Bewertung der kritischen Erfolgsfaktoren*

Durch eine zusätzliche Bewertung mittels verschiedener Sichtweisen wird das Ergebnis objektiver. Aus diesem Grund werden die Prozesse im Vergleich zur Konkurrenz, aus Kundensicht und Sicht der Prozesseigner verglichen und bewertet. Im Anschluss daran werden die Prozesse in ein Prozesspriorisierungsportfolio (Bild 15) eingetragen, um dann im nächsten Schritt zu einer gemeinsamen Zielvereinbarung weiterverarbeitet zu werden.

Dazu werden in der Matrix alle Prozesse eingetragen, indem auf der x-Achse die Verbesserungspotenziale für jeden Prozess und auf der y-Achse der damit zusammenhängende Einfluss auf den Kunden festgehalten wird. Diese Visualisierung hat sich bei der gemeinsamen Konsensfindung für die Zielvereinbarung als sehr erfolgreich erwiesen. Zudem vereinfacht die Matrix durch die übersichtliche Darstellung aller Prozesse die Auswahl des kritischen Prozesses.

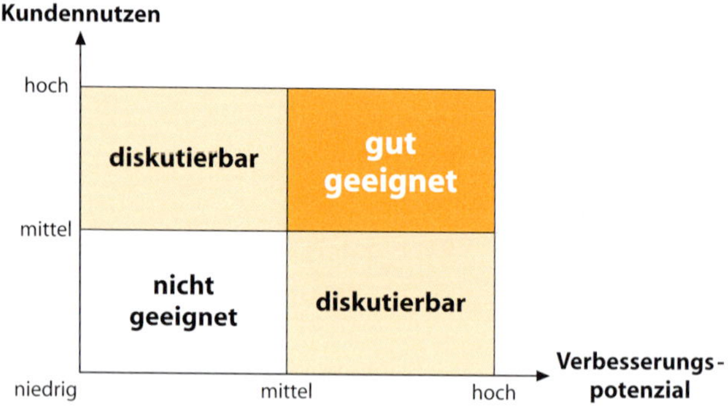

Bild 15: *Prozesspriorisierungsportfolio*

Zielvereinbarung für den ausgewählten Prozess

Zur Formulierung der Zielvereinbarung eines ausgewählten Prozesses werden die Subprozesse benannt und deren KEF explizit aufgelistet und gegebenenfalls ergänzt. Der Prozess muss von anderen Prozessen klar abgrenzbar sein. Danach müssen Ziele hinsichtlich der Kosten, Zeiten und Qualität vereinbart werden. Erst dann können die Messgrößen des Prozesses definiert und Soll-Ist-Verhältnisse vereinbart werden. Es hat sich als sinnvoll erwiesen, maximal fünf Messgrößen festzulegen.

Nach Spezifizierung der Messgrößen kann man die Benchmarking-Art auswählen und das Projektteam zusammenstellen. Anschließend müssen in einem Arbeitsplan Projektdauer, Meilensteine, Ressourcen und Budget festgelegt werden. Zur Einbeziehung des gesamten Unternehmens ist die Ausarbeitung einer Kommunikationsstrategie (intern und extern) sinnvoll.

Ausgangspunkt für die Bestimmung der Benchmarking-Ziele sind die strategischen Unternehmensziele, die bezüglich des ausgewählten Geschäftsprozesses spezifiziert werden. Durch eine Zielsetzung werden die Verfolgung und Überprüfung einer intendierten Handlungsrichtung möglich und Fortschritt, Annäherung und Abweichung zu messbaren bzw. nachvollziehbaren Größen erkennbar. Ziele haben somit eine zukunftsorientierte Leitfunktion und eine vergangenheitsorientierte Kontrollfunktion. Eine klare Zielformulierung eines Benchmarking-Projektes ist nur möglich, wenn operationale Definitionen von Zielinhalt, -messgröße, -erreichungsgrad und Zeitbezug bekannt sind. Operationalität von Zielen bedeutet, dass für die Ziele mögliche, durchführbare Aktivitäten existieren müssen. Bei mehreren Zielen muss eine Rangfolge der Ziele durch Setzen von Prioritäten aufgestellt werden.

Ziele innerhalb eines Unternehmens können je nach Bedeutung und Gewicht in Unternehmens-, Bereichs- und Gruppenziele untergliedert werden. Die Unternehmensziele werden auf der Betrachtungsebene der Gesamtorganisation gesteckt. Sie betreffen alle Bereiche des Unternehmens. Für die Ebene einzelner Geschäfts- oder Funktionsbereiche gelten Bereichsziele. Diese betreffen Unternehmensbereiche wie Produktion oder Marketing und sind somit begrenzt. Auf der Ebene einzelner innovativer Gruppenprozesse schließlich, an denen im Unternehmen in der Regel mehrere Personen beteiligt sind, wird von Gruppenzielen gesprochen, die größtenteils abteilungsspezifisch sind.

Die Prozess-Ziele können mit Hilfe der Prozesseffektivität und der Prozesseffizienz ermittelt werden:

- Prozesseffektivität: Liefert der Prozess den gewünschten Output? (Prozessqualität, Prozesssicherheit, Prozesskosten, Prozesszeiten)
- Prozesseffizienz: Ist der Prozess optimal gestaltet? (Schnittstellenoptimierung, Prozessablaufoptimierung, Materialflüsse und Informationsflüsse, Ressourcen wie Maschinen, Mitarbeiter, Technologie)

Durch die Betrachtung der Prozesseffektivität und der Prozesseffizienz wird der Ist-Zustand eines Prozesses bewertet und werden Ziele abgeleitet. Die Zieldefinition geschieht durch die Vorstellung von realistischen Sollwerten der Zielworkshopteilnehmer. Die so gefundenen Zielwerte werden später durch das Benchmarking verfeinert und durch Realwerte ergänzt. Mit den Zielen des Prozesses und der Bestimmung der kritischen Erfolgsfaktoren des Prozesses ist es möglich, die fünf Messgrößen zu bestimmen, die die Effektivität des Prozesses beschreiben und beeinflussen.

Die Messgrößen werden in der Phase der internen Analyse gegebenenfalls ergänzt. Ebenso werden für diese Messgrößen Sollwerte definiert. Im Anschluss wird festgelegt, ob ein internes oder externes Benchmarking durchgeführt werden soll. Bei einer Entscheidung für das externe Benchmarking ist es wichtig, dass die Benchmarking-Partner erst nach der Analyse der eigenen Prozesse ausgewählt werden. Bei der Auswahl ist zu beachten, dass die Benchmarking-Partner wegen ihrer Eignung ausgewählt werden und nicht nur aufgrund des bekannten Unternehmensnamens.

Nach der Festlegung der Benchmarking-Art ist ein Team aus kompetenten und verantwortlichen Mitarbeitern zu bilden. Es leitet und betreut nach eingehender Vorbereitung und Schulung den gesamten Prozess von der Planung bis zur Umsetzung. Das Management muss bereits in dieser Phase mit einbezogen werden, denn nur durch dessen Wollen und aktive und sichtbare Unterstützung während aller Projektphasen kann die Umsetzung der Ergebnisse im Unternehmen gelingen und ein Erfolg erzielt werden.

Die Zielsetzungsphase endet mit Festlegung der Kommunikationsstrategie innerhalb und gegebenenfalls außerhalb der Organisation. Die mit dem Projekt verfolgten Ziele werden so von Anfang an kommuniziert. Dieser Faktor trägt entscheidend zum Erfolg eines Benchmarking-Projektes bei.

Schalten Sie für Ihr Benchmarking-Projekt einen Profi ein. Aber: Der Lerneffekt ist höher, wenn Sie das Benchmarking selbst durchführen und einen Benchmarking-Profi lediglich als Moderator einschalten.

Ablaufplan

Schritt	Bemerkung
1. Ermittlung von Vorfeldinformationen	Informationsermittlung über: • die Markt- und Konkurrenzsituation des Unternehmens • die Stärken und Verbesserungsbereiche der Prozesse des Unternehmens • Info-Recherchen, wie zum Beispiel Best Practice und InFocus Reports • die Ressourcen, die vom Unternehmen für die Durchführung des Benchmarking-Projektes eingesetzt werden können
2. Auswahl des Benchmarking-Objekts	• Analyse, Vergleich und Bewertung von alternativen Benchmarking-Objekten • Festlegung der Zielsetzung des Benchmarking-Projektes
3. Projektorganisation	Arbeitsplan, Budget, Benchmarking-Team, Promotor, externe Unterstützung
4. Rechtliche Aspekte	insbesondere beim konkurrenzbezogenen Benchmarking Kartellrecht beachten
5. Festlegung einer Kommunikationsstrategie	Kommunikation des Vorhabens und der Zielsetzung an alle beteiligten und betroffenen Mitarbeiter

Tab. 10: *Schritte in der Zielsetzungsphase*

- Benchmarking-Partner nicht jetzt schon auswählen! Sie können Ihren Benchmarking-Partner noch gar nicht auswählen, da Sie nicht wissen, was entscheidende Vergleichskriterien für die Auswahl sind. Dies können Sie erst nach der Analyse Ihrer Prozesse machen.
- Definieren Sie Ihr Benchmarking-Projekt nicht zu groß! („Zerlege den Elefanten in mehrere mundgerechte Happen!")
- Definieren Sie Ihre Ziele genau und quantifizieren Sie diese!
- Planen Sie einen Machtpromotor im Unternehmen ein!
- Es ist wichtig, dass sich das Management schon in dieser Phase einbringt, da die sichtbare Unterstützung und die aktive Begleitung der Benchmarking-Projekte durch das obere Management während aller Projektphasen ein Schlüsselfaktor für das Gelingen des Benchmarkings sind.

Unterstützende Software

QPD

- Priorisierung von Benchmarking-Objekten und Benchmarking-Prozessen auf der Basis ihrer Erfolgsfaktoren.
- Die Software zur schnellen und objektiven Bestimmung von kritischen Prozessen.

Ziel-Creator

- Darstellung, Aufzeichnen, Quantifizieren und Verändern von Prozesszielen. Eingliederung Ihres Unternehmens in das relevante Branchenumfeld. Sie erhalten eine Einschätzung Ihrer Leistung, Ihres Aufwandes und Ihrer Unternehmensentwicklung im Vergleich zur Branche.

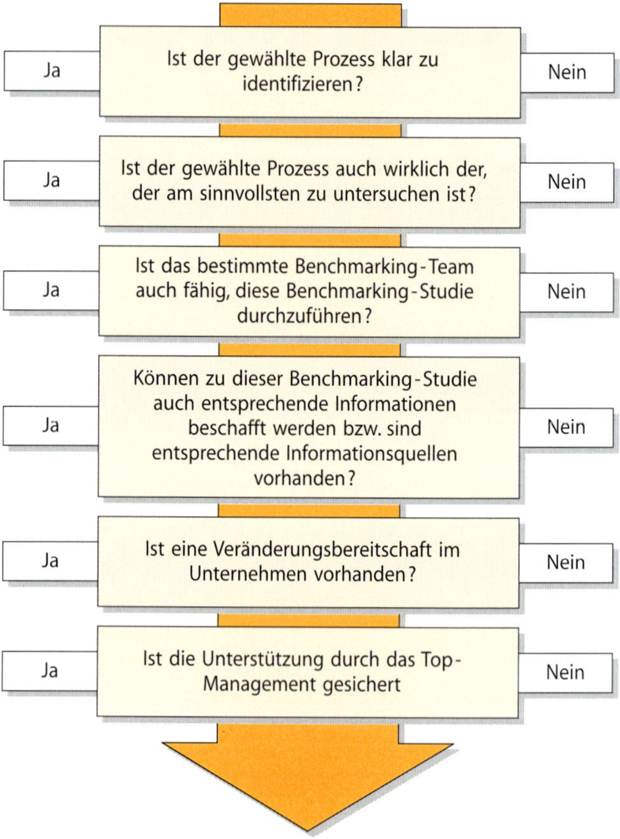

Bild 16: *Checkliste mit Fragen, die in der Zielsetzungsphase geklärt werden sollten*

3.2 Interne Analyse

In dieser Phase wird das Benchmarking-Objekt analysiert. Es werden Messgrößen und alle notwendigen Informationen für den weiteren Benchmarking-Prozess abgeleitet und umfassend dokumentiert. Darauf aufbauend werden Vergleichsgrößen definiert und Fragebögen entwickelt und übergeben.

WAS KOMMT AUF MICH ZU?

Ziel dieser Phase ist es, das Benchmarking-Objekt im eigenen Unternehmen transparent zu machen, d. h. detailliert zu analysieren, um daraus Messgrößen und alle notwendigen Informationen für den weiteren Benchmarking-Prozess abzuleiten und die Ergebnisse zu dokumentieren.

Die Dokumentation dient als Referenz für den weiteren Benchmarking-Prozess und als einheitliche Arbeitsgrundlage für das Benchmarking-Team.

Im nächsten Schritt werden die Teilprozesse des Benchmarking-Objektes identifiziert, die entscheidend für die Erreichung der Ziele und damit den Erfolg des ausgewählten Prozesses sind. Durch die Konzentration auf das Wesentliche wird ein effizienter Umgang mit den zur Verfügung stehenden Ressourcen im eigenen Unternehmen und denen des späteren Benchmarking-Partners erreicht.

Zur Darstellung Ihrer Prozesse sollten Sie ein Modellierungswerkzeug einsetzen. Dort können die Messgrößen eingetragen werden – die Prozesse sind transparent! Dieses Werkzeug wird einmal bestellt, eventuell angepasst und ist beliebig oft wiederverwendbar.

Damit branchenunabhängige Vergleiche möglich sind, werden Branchen- und Unternehmensspezifika beseitigt. Ergebnis ist ein Abstraktionsmodell des betrachteten Prozesses mit den relevanten Kernmessgrößen.

Dieses Modell bildet die Grundlage zur Bestimmung der Abläufe und Kernmessgrößen, mit denen die Leistungsfähigkeit des Benchmarking-Objektes gemessen werden kann. Die Zielsetzung des Benchmarking-Projektes liefert weitere Informationen zur Ableitung von Benchmarks. Um die Abfrage dieser Informationen zu dokumentieren und zu strukturieren, wird ein Fragebogen erstellt, welcher möglichst aussagekräftig ist und dem Code of Conduct (siehe auch Abschnitt 4.1) entspricht. Dieser hat folgende Aufgaben:

- Er dient als Leitfaden für den direkten Informationsaustausch beim Benchmarking-Partner.
- Er ist ein Medium, über das mit dem Benchmarking-Partner zur Vorbereitung des Informationsaustauschs kommuniziert wird.
- Er dient zur Dokumentation und Strukturierung der Ergebnisse der ersten beiden Phasen sowie der Ergebnisse des Informationsaustausches mit dem Benchmarking-Partner.

- Senden Sie den Fragebogen nicht wahllos an 1 000 Unternehmen, sondern selektieren Sie die Empfänger zielgerichtet. Dazu können Sie zum Beispiel die Software zur Unternehmensklassifizierung nutzen. Ergebnis sollte die Auswahl von 3 bis 6 Unternehmen sein.
- Nutzen Sie den Fragebogen als eine Diskussionsgrundlage, die die Kernelemente des Austausches enthält.

Mit der Phase der internen Analyse sind alle Arbeiten abgeschlossen, die zur Planung und Ermittlung von Informationen im eigenen Unternehmen durchgeführt werden.

WIE GEHE ICH VOR?

Wie baue ich einen Fragebogen auf?

- Zielsetzung des Benchmarking-Projektes
  - Was soll getan werden?
  - Welcher Nutzen soll erreicht werden?
  - Warum wurde der Adressat ausgewählt?
- Inhaltsverzeichnis des Fragebogens
- Kurzübersicht auf einer Seite über das eigene Unternehmen (inklusive eigener Kennzahlen)
- Fragen mit entsprechenden Erklärungen sowie eigene Antworten
- Code of Conduct
- Definitionen (ausklappbar siehe folgenden Tipp)
- Ansprechpartner mit Tel.-Nr. und Adresse auf der letzten Seite

Tab. 11: *Inhalt des Fragebogens*

Bei der Erstellung Ihres Fragebogens beachten Sie bitte die folgenden Punkte:

- Insgesamt nicht mehr als 20 Seiten.
- Gruppieren Sie inhaltlich zusammenhängende Fragen.
- Heben Sie inhaltlich wichtige Fragen entsprechend hervor.

- Gestalten Sie den Fragebogen so, dass die Definitionen beständig sichtbar sind (zum Beispiel auf einem ausklappbaren Faltblatt, wo der Name und die Adresse des Ansprechpartners beständig „griffbereit" sind.
- Eigene Fragen links und ausreichend Platz zur Beantwortung bzw. für Kommentare rechts.
- Vorgabe von Alternativantworten bzw. Beispielen.
- Formulierung von Hinweisen zur Detailliertheit der Antwort.

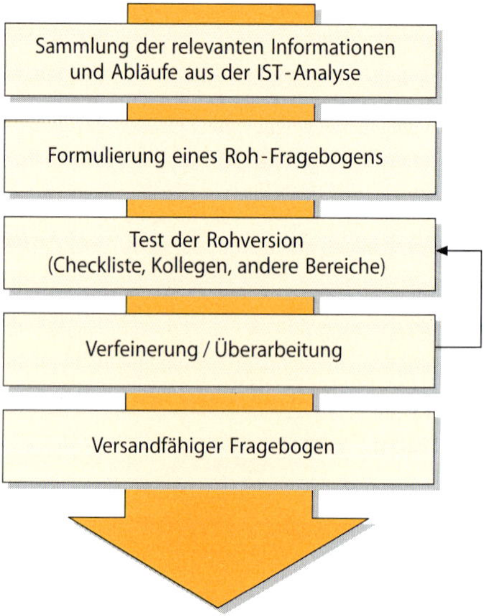

Bild 17: *Ablauf der Erstellung eines Fragebogens*

Bei einem optimalen Aufbau Ihres Fragebogens können Sie die folgenden Fragen mit „Ja“ beantworten, andernfalls überprüfen Sie die entsprechenden Schritte noch einmal.		
	JA	**NEIN**
Sind wir (unser Unternehmen) in der Lage bzw. bereit, die Fragen selbst zu beantworten und zu veröffentlichen?		
Sind die Fragen für die Durchführung des Benchmarking-Projektes bedeutend?		
Sind die Fragen fachlich und inhaltlich richtig?		
Haben wir den Code of Conduct beachtet?		
Ist der Fragekatalog branchenunabhängig verständlich und einsetzbar?		
Sind die Fragen verständlich und eindeutig?		
Können die Fragen durch den Vergleichspartner beantwortet werden?		
Werden die Vergleichspartner bereit sein, diese Fragen zu beantworten?		
Stimmt die äußere Form des Fragebogens?		

Tab. 12: *Checkfragen zur Erstellung des Fragebogens*

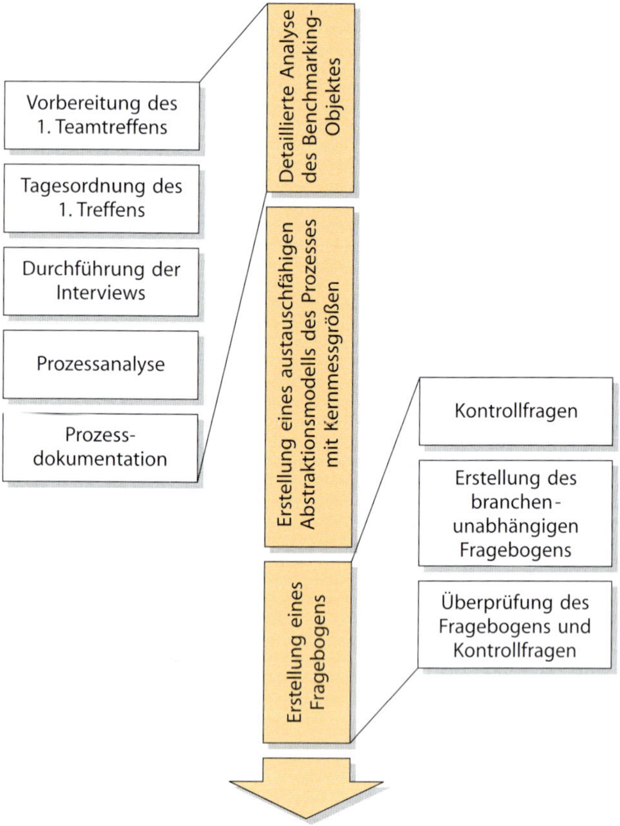

Bild 18: *Ablauf der internen Analyse*

Ablaufplan

Schritt	Bemerkung
1. Analyse des Benchmarking-Objektes	Ermittlung des aktuellen Ablaufs des Prozesses
2. Dokumentation des Prozesses in einem Modell	
3. Erstellung eines allgemein gültigen Prozessabstraktionsmodells 3.1. Reduktion des Prozesses auf seine leistungsbestimmenden Bestandteile 3.2. Ausarbeitung der branchenunabhängig verwendbaren Kernmessgrößen	Konzentration auf die Abläufe in einem Prozess, die dessen Leistungsfähigkeit bestimmen • Überführung des für das Unternehmen spezifischen Modells in ein Modell, das keine Unternehmensspezifika aufweist • Ziel ist es, eine Vergleichbarkeit der jeweiligen Prozesse zwischen den Benchmarking-Partnern herzustellen
4. Definition der Benchmarking-Vergleichskriterien	dient zur Auswahl geeigneter Benchmarking-Partner
5. Erstellung eines Fragebogens	zum Informationsaustausch

Tab. 13: *Schritte der internen Analyse*

3.3 Vergleichsphase

WAS KOMMT AUF MICH ZU?

Im ersten Schritt der Vergleichsphase werden die Eigenschaften eines idealen Benchmarking-Partners festgelegt. Entscheidend sind die Vergleichbarkeit des Benchmarking-Objektes zwischen den Unternehmen und das erwartete Lernpotenzial bei den Benchmarking-Partnern. Benchmarking-Objekte sind vergleichbar, wenn sie hinsichtlich der Aufgabenstellung genügend übereinstimmende Merkmale aufweisen. Die Vergleichbarkeit ist somit ein Wert für die Wahrscheinlichkeit, mit der aus den entdeckten Leistungsunterschieden auch Erfolg versprechende Maßnahmen abzuleiten sind, und ermöglicht die Abschätzung des Aufwandes, mit dem diese für die eigene Verbesserung umgesetzt werden können. Merkmale für Vergleichbarkeit sind zum Beispiel ähnliche Strukturen des Marktes, auf dem die Benchmarking-Partner agieren, ähnliche Abläufe in der Auftragsbearbeitung oder im Absatz und ähnliche Abläufe in der Erstellung der beauftragten Leistung. Die Überprüfung der Übereinstimmung dieser Merkmale erfolgt auf einer Abstraktionsebene, auf der die Eigenschaften des physikalischen Produktes oder der spezifischen Dienstleistung nicht mehr relevant sind. Das erwartete Lernpotenzial ist ein Maß für den Nutzen des Vergleichs mit diesem Benchmarking-Partner.

Schalten Sie für die Auswahl einen Profi ein. Er ist erfahren in der Auswahl von Benchmarking-Partnern, hat umfangreiche Marktkenntnisse und verfügt über den Zugang zu relevanten Daten.

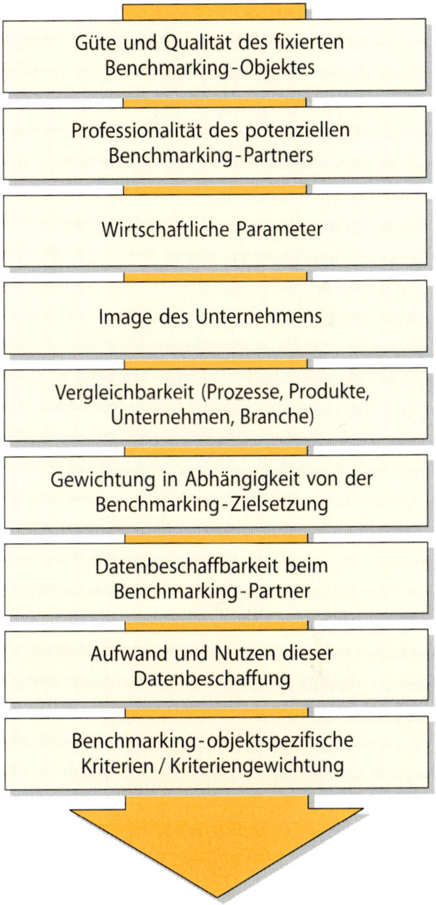

Bild 19: *Kriterien zur Auswahl des Benchmarking-Partners*

Der entscheidende Punkt für ein erfolgreiches Benchmarking-Projekt ist die Auswahl. Sparen Sie also nicht an der falschen Stelle, sonst kann Benchmarking zu einem teuren „Spaß“ mit geringem Lerneffekt werden.

WIE GEHE ICH VOR?

Die erste Kontaktaufnahme mit dem potenziellen Benchmarking-Partner erfolgt auf telefonischem Weg. Hier wird mit dem potenziellen Benchmarking-Partner abgestimmt, ob eine grundsätzliche Bereitschaft zur Zusammenarbeit besteht und wer der geeignete Ansprechpartner für die weitere Zusammenarbeit ist. Informationsmaterial über das Benchmarking-Objekt, die Zielsetzung des Benchmarking, Erwartungen an den Partner und das eigene Unternehmen ermöglichen es dem angesprochenen Unternehmen, seine Entscheidung über die Annahme oder Ablehnung der Anfrage zu treffen.

Hat sich das angefragte Unternehmen für eine Zusage entschieden, kann mit detaillierten Vorbereitungen für einen direkten Vergleich begonnen werden. Mit dem Benchmarking-Partner ist im ersten Schritt abzustimmen, wie die weitere Vorgehensweise aussehen soll. Dabei geht es um die Abstimmung von Terminen im Vorfeld des Treffens und für das Treffen selbst. Neben den Terminen ist es notwendig, die Inhalte des Vergleichs abzustimmen. Dazu wird dem Benchmarking-Partner der Fragebogen zur Verfügung gestellt. Er überprüft die Inhalte auf Verständlichkeit und Beantwortbarkeit. Verständlichkeit bedeutet, dass beide Partner die gleiche Auffassung über den Sinn der entsprechenden Fragestellung haben. Beantwortbarkeit bedeutet, dass die entsprechenden Fragen von beiden Partnern mit einem vertretbaren Aufwand an Zeit und Ressourcen sinnvoll und richtig beantwortet werden können. Ergänzungen oder Reduzierungen von Inhalten können vom Benchmarking-Partner vorgeschlagen werden. Ergänzt werden erfahrungsgemäß Themen, in denen der Partner selbst Verbesserungsbereiche sieht und der Benchmarking-Partner eventuell zur Verbesserung beitragen kann. Reduzierungen werden an den Fragen vorgenommen, die der Benchmarking-Partner aus unternehmerischer Sicht nicht beantworten will, da Geschäftsgeheimnisse betroffen sind. Das Ergebnis dieses Schrittes ist ein überarbeiteter Fragebogen, der in dieser Form von beiden Seiten akzeptiert wird.

Die Fragebogen werden von beiden Benchmarking-Partnern beantwortet und wechselseitig zur Verfügung gestellt. Die beantworteten Fragen werden analysiert. Gesucht werden signifikante Leistungsunterschiede zwischen den Benchmarking-Partnern.

Diese bilden die Themenschwerpunkte im folgenden Treffen der Benchmarking-Partner. Dort werden die Ursachen dieser Leistungsunterschiede ermittelt, um daraus für das eigene Unternehmen Lernaspekte abzuleiten.

Es ist die Aufgabe des Benchmarking-Teams, die Ergebnisse des Besuches zu dokumentieren, zu analysieren und zu interpretieren. Ergebnis ist ein genauer Bericht, in dem die Stärken des Benchmarking-Partners und die jeweiligen Gründe für diese Stärken beschrieben sind. Ergänzt werden die Informationen durch Nachweise, anhand derer die Gründe nachvollzogen werden können.

Ablaufplan der Vergleichsphase

Schritt	Bemerkung
1. Bestimmung der gewünschten Eigenschaften des idealen Benchmarking-Partners	
2. Generierung und Selektion von geeigneten Benchmarking-Partnern	Informationssammlung über potenzielle Benchmarking-Partner
3. Kontaktaufnahme mit den selektierten Benchmarking-Partnern	• Einholen der Zustimmung zum Austausch • Sammlung von detaillierteren Informationen über den Benchmarking-Partner • Grobe Abstimmung der weiteren Vorgehensweise
4. Abstimmung mit den Benchmarking-Partnern	• Klärung von Fragen bezüglich des Inhalts des Informationsaustausches • Durchführung von Ergänzungen und Änderungen am Fragebogen • Genaue Abstimmung über die weitere Vorgehensweise
5. Durchführung des direkten Vergleiches	• Austausch der beantworteten Fragebogen • Besuch des Benchmarking-Partners • Abarbeiten des Fragenkatalogs • Erfragen von Hintergrundinformationen
6. Auswertung der gewonnenen Informationen	• Feststellung von Leistungslücken • Ermittlung der Ursachen der festgestellten Leistungslücken

Tab. 14: *Schritte der Phase Vergleich*

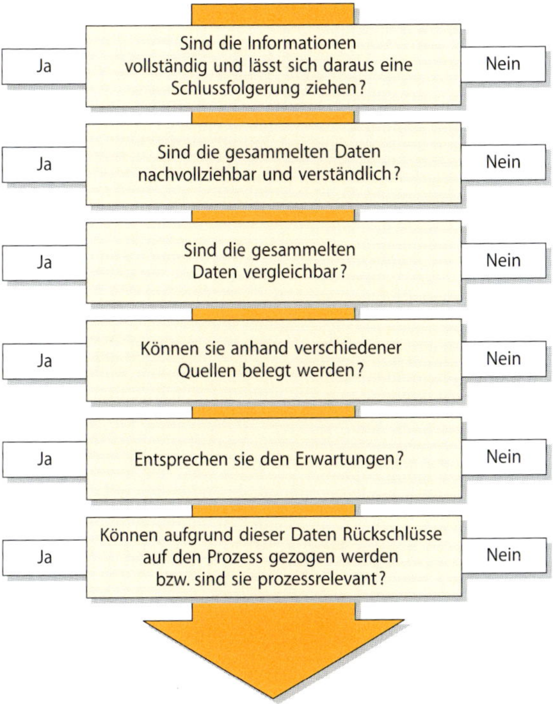

Bild 20: *Checkliste für den Vergleich und die Bewertung der Benchmarking-Ergebnisse*

Unterstützende Software (siehe auch Kapitel 4.2)

- Unternehmensklassifizierer
- Comparer dient zur Überprüfung der Geschäftsprozesse der ausgewählten Benchmarking-Partner.

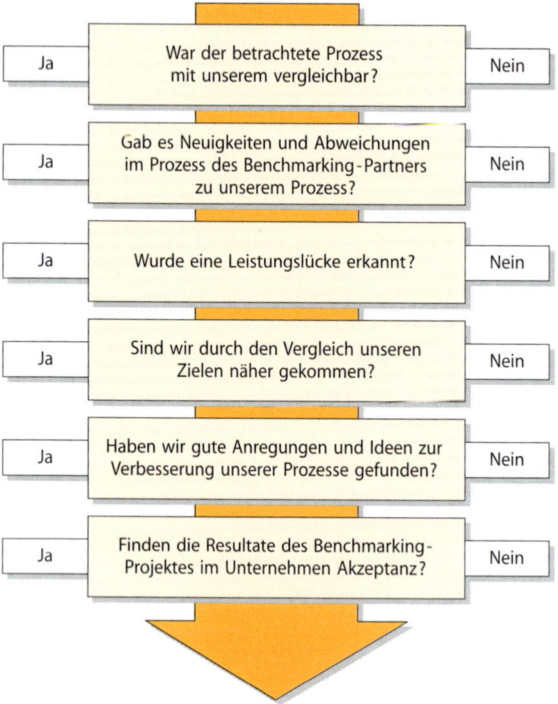

Bild 21: *Checkliste zur Interpretation des Vergleichsergebnisses*

3.4 Maßnahmen und Umsetzung

WAS KOMMT AUF MICH ZU?

Die ersten drei Phasen haben den Zweck des Wissenserwerbs. Die nächsten zwei Phasen Maßnahmenentwicklung und Umsetzung haben den Zweck, das erworbene Wissen in Verbesserungsmaßnahmen umzusetzen.

Maßnahmenentwicklung

In der Phase der Maßnahmenentwicklung werden aus den Ergebnissen der Vergleichsphase Maßnahmen abgeleitet, deren Umsetzung Verbesserungen im Hinblick auf die definierten Ziele der Untersuchung ermöglicht.

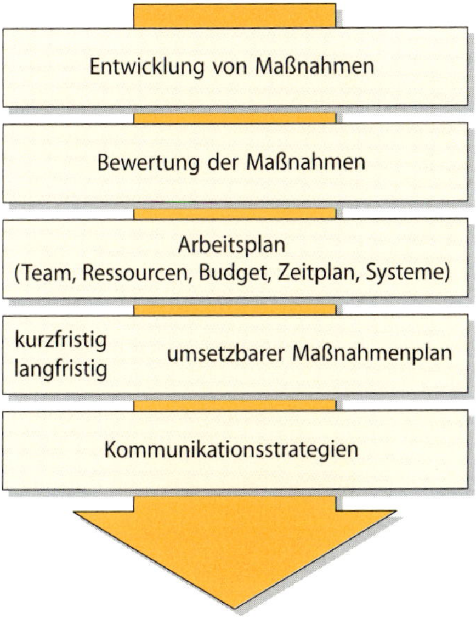

Bild 22: *Schritte der Maßnahmenentwicklung*

Alle Ergebnisse des Vergleichs werden hinsichtlich zu ergreifender Maßnahmen diskutiert. Dabei sollten keine voreiligen Wertungen der verschiedenen Ansatzpunkte, ähnlich der Vorgehensweise eines Brainstormings vorgenommen werden. Damit wird vermieden, dass Maßnahmen mit großem Verbesserungspotenzial durch Ausschlussargumente wie „... das ist bei uns nicht umsetzbar ...“ nicht weiter beachtet werden.

Erst nachdem alle Maßnahmen ermittelt sind, werden diese bewertet. Das Ergebnis ist ein Katalog von Maßnahmen, die zur Umsetzung vorgeschlagen werden.

Erstellen Sie einen Arbeitsplan, der einen detaillierten Zeitplan beinhaltet.

Umsetzung

Die Phase der Umsetzung beginnt mit einer Detailplanung der vorgeschlagenen Maßnahmen. Basierend auf dieser Planung werden die Maßnahmen im Unternehmen umgesetzt. Das Benchmarking wird im letzten Schritt durch eine Überprüfung des Grades der Zielerreichung und der Dokumentation des Projektes abgeschlossen. Im Sinne der Kontinuität des Benchmarking wird zu diesem Zeitpunkt festgelegt, wie die Weiterführung des Verbesserungsprozesses sichergestellt werden kann (Tab. 16).

Ablaufpläne für die Phase der Maßnahmenentwicklung und der Umsetzung

Schritt	Bemerkung
1. Entwicklung der Maßnahmen	Ableitung aller möglichen Maßnahmen aus den Vergleichsergebnissen
2. Bewertung der Maßnahmen	• Entwicklung eines Bewertungsschemas aus der Benchmarking-Zielsetzung • Anwendung des Bewertungsschemas
3. Endgültiger Maßnahmenkatalog	Erstellung eines bewerteten Katalogs von Maßnahmen, die zur Umsetzung vorgeschlagen werden

Tab. 15: *Schritte der Phase Maßnahmenentwicklung*

Schritt	Bemerkung
1. Umsetzungsplanung	Detailplanung von Zeiten, Kosten und einzusetzenden Ressourcen
2. Umsetzung	Beginn von Verbesserungsprojekten
3. Zielüberprüfung und Projektabschluss	Überprüfung des Grades der Zielerreichung, Dokumentation des Projektes und Planung der kontinuierlichen Weiterführung

Tab. 16: *Schritte der Phase Umsetzung*

3.5 Praxisbeispiel I: Was können Pralinen von Leiterplatten lernen?

Bei Vergleichen zwischen Geschäftsprozessen, besonders bei denjenigen, die nicht in derselben Branche angesiedelt sind, zeigt sich, dass zwar Ähnlichkeiten vorhanden sind, aber ein direkter Vergleich nicht ohne weiteres möglich ist.

Hierbei geht es um die Frage, wie sich Äpfel mit Birnen vergleichen lassen.

Beispiel für einen Geschäftsprozessvergleich

Als Beispiel dient der Vergleich eines Unternehmens aus der Lebensmittelbranche, das Pralinen herstellt, mit einem Unternehmen der Elektronikbranche, welches Leiterplatten bestückt.

Das Benchmarking-Ziel war die Verbesserung des Bestückungsprozesses bei dem Pralinenhersteller. Folgende Problembereiche wurden identifiziert:

- zu hohe Rüstzeiten,
- zu hohe Ausschussraten durch Beschädigung der Pralinen,
- fehlerhafte Bestückung durch falsche Kommissionierung,
- hoher Anteil manueller Nachbearbeitung.

Hierfür wurde eine neue oder effizientere Lösung gesucht.

Durch klassifizierendes Benchmarking wurde als Benchmarking-Partner ein Unternehmen der Elektronikbranche als Vergleichsunternehmen ausgewählt.

Durch eine Beschreibung der oben erläuterten klassifizierenden Merkmale war es möglich, einen ähnlichen Prozess bei der Leiterplattenbestückung zu identifizieren. In Tab. 17 wird eine beispielhafte Aufstellung übereinstimmender Merkmalsausprägungen gezeigt.

Lebensmittelbranche **Pralinenhersteller**	**Elektronikbranche** **Leiterplattenhersteller**
kleine, empfindliche Teile	kleine, empfindliche Teile
automatisierte Bestückung	automatisierte Bestückung
große Stückzahlen	große Stückzahlen
Hygienebestimmungen	Reinheitsbestimmungen

Tab. 17: *Übereinstimmende Merkmalsausprägungen in Unternehmen unterschiedlicher Branchen*

Auf Basis der vorhandenen Unternehmensmerkmale in der Unternehmensdatenbank des Deutschen Benchmarking Zentrums war eine Auswahl geeigneter Benchmarking-Partner leicht möglich. Basierend auf diesen Daten wurde analysiert, ob die Prozesse in den ausgewählten Unternehmen ähnlich und besser als die eigenen sind. Das klassifizierende Benchmarking bildet Geschäftsprozessprofile unter Verwendung klassifizierender Merkmale. Durch Verwendung der Clusteranalyse werden Geschäftsprozesse, die sich ähnlich sind, in Gruppen zusammengefasst. Das heißt, es werden Gruppen gebildet, die Geschäftsprozesse enthalten, die unter sich möglichst homogen und gegenüber anderen Gruppen möglichst heterogen sind. Die Gruppe, die durch die Clusteranalyse als Ergebnis zusammengefasst wurde, wird anhand der Benchmarking-Zielsetzung, Kennzahlen und anderer Informationen (wie z. B. Umwelt, Technik, Organisation, Personal) verglichen und bewertet. Das Ergebnis ist eine Rangliste von bewerteten Geschäftsprozessen mit ihren entscheidenden Messgrößen.

So wurden für ein Unternehmen der Lebensmittelbranche effektive Lösungen für seine Handhabungsaufgabe in der Elektronikbranche gefunden und auf das eigene Unternehmen übertragen.

Eingeführte Maßnahmen waren:

- Einführung der Festrüstung für ein bestimmtes Produktionsprogramm, dadurch konnten Bestückungsfehler, die durch falsche Kommissionierung auftraten, vermieden werden. Die Rüstzeiten konnten für ein bestimmtes Produktionsprogramm entscheidend gesenkt werden.
- Bestückzeitverbesserung durch Übernahme von Software-Programmen der Wegoptimierung.
- Keine Beschädigungen der Produkte, da ein neues Handhabungsverfahren gefunden wurde.

Bild 23: *Praxisbeispiel I im Überblick*

3.6 Praxisbeispiel II: Was haben Hausgeräte und Lebensmittel gemeinsam?

Mit Benchmarking können Logistikpotenziale erkannt und Wettbewerbsvorteile ausgebaut werden.

Die Logistik des Hausgeräteherstellers konzentriert sich auf den Vertrieb von Fertigerzeugnissen, die flexibel ein- bis dreistufig über mehrere Regionallager und mehr als 20 Umschlagpunkte im 24-h- bis 48-h-Service distribuiert werden.

Das Beispiel des Logistik-Benchmarking wurde hier definiert als ein systematischer Prozess der Erhebung und Analyse von Logistikdaten zum Vergleich der eigenen mit einer möglichst leistungsstarken Logistik. **Ziele** hierbei waren:

- fundierte und unvoreingenommene Bestimmung der eigenen Ist-Logistikleistung,
- kritische Auseinandersetzung mit Logistik und Logistikteilbereichen anderer Unternehmen,
- Bestimmung des Abstandes zur „Best Practice", um Lern- und Verbesserungsprozesse der eigenen Logistik anzuregen,
- Motivation zur kontinuierlichen Verbesserung einerseits und Anstoß zur Innovation andererseits,
- neue Zielvereinbarungen in der Logistik aufgrund realistischer Bestwerte und
- Hinterfragen und Aufbrechen traditioneller Logistikstrukturen und -prozesse.

Diese Logistikstruktur ist eine geeignete Plattform für ein internes Benchmarking, zum Beispiel der Lagerstandorte oder Umschlagpunkte.

Die Distributionslogistik wird wesentlich durch die bedarfsorientierten und produktionswirtschaftlichen Rahmenbedingungen bestimmt.

Der Hausgerätehersteller beliefert i. d. R. den Handel, welcher durch hohe Konzentration und Inhomogenität gekennzeichnet ist. Neben der Kundenstruktur ist die Logistik auch durch die Produktstruktur gekennzeichnet. Von einem Haushaltsgerät existieren z. B. etwa 800 Varianten.

Innerhalb dieser Rahmenbedingungen erfolgt die Auswahl des Vergleichsmaßstabes. Dabei geht es nicht darum, das Unternehmen auszuwählen, dessen Gesamtlogistik führend ist, sondern einen Partner zu finden, der in einzelnen Logistikfunktionen führende Leistungen zeigt. Diese Partner können sowohl derselben Branche entstammen als auch branchenfremde Unternehmen sein.

Benchmarking mit Unternehmen derselben Branche

Der Benchmarking-Partner ist ein direkter Wettbewerber. Im Rahmen allgemeiner Wettbewerbsanalysen kann eine Vorauswahl leistungsstarker Logistik oder Logistikteilbereiche der Wettbewerber getroffen werden.

Die praktizierte Form des konkurrenzbezogenen Benchmarking garantiert sowohl die Vergleichbarkeit der Produktstruktur als auch die relative Vergleichbarkeit der spezifischen Rahmenbedingungen. Das ist nicht nur bei der Datenbeschaffung, sondern auch bei der späteren Umsetzung von Verbesserungsmaßnahmen von Vorteil.

Des Weiteren garantiert das konkurrenzbezogene Benchmarking höchste Aufmerksamkeit des oberen Managements und eine erhöhte Motivation der Teammitglieder. Als problematisch erweisen sich die Offenheit des Datenaustausches und die Überprüfbarkeit der Datenqualität.

Beim internen Benchmarking wurden verschiedene nationale und internationale Lagerstandorte anhand folgender Kriterien gegenübergestellt:

- Produktivität (u. a. Lieferscheine je Tag und Mitarbeiter, Automatisierungsgrad),
- Qualität (u. a. Lagerschäden, Bestandsdifferenzen, Ladenhüterbestand),
- Reichweite, Umschlaghäufigkeit sowie
- Kosten (u. a. Kosten je Palettenstellplatz).

Beim internen Benchmarking besteht jedoch die Gefahr, dass systeminterne Schwächen nicht erkannt werden und die Vision der absoluten „Best Practice" und damit der Anstoß zur Innovation fehlen.

Bei der Ist-Analyse der Logistikprozesse wurde festgestellt, dass die Qualität einer Logistikleistung zunehmend im Vordergrund der Betrachtung steht. Des Weiteren wurde festgestellt, dass eine Lagerschadensquote von unter 0,3 ‰ möglich ist, diese jedoch zum Teil wesentlich höher liegt (an einem Standort 13fach höher).

Die hohen Lagerschäden sind, so wurde festgestellt, auf komplexere logistische Aufgabenstellungen, schlechte Lagerbedingungen sowie Handlingprobleme zurückzuführen.

Daraufhin wurde ein Qualitätskonzept Lager erarbeitet und umgesetzt, welches als Resultat eine bis zu 40 %ige Reduktion der Lagerschäden erbrachte. Damit konnten nicht nur die Logistikkosten gesenkt, sondern auch die Kundenzufriedenheit erhöht werden.

Ein nächster Benchmarking-Fokus bezog sich auf Qualitätsverbesserungen im Transportbereich. Hierbei wurden die Spediteure mittels Monitoring anhand einer Checkliste hinsichtlich folgender Punkte bewertet:

- Infrastruktur,
- Organisation,
- Umschlag und
- Transportmittel/Beifahrer.

Zusätzlich wurde die Qualität der Umschlagpunkte anhand folgender Benchmarking-Kriterien gegenübergestellt:

- schadens- und verlustfreie Anlieferung,
- termingerechte Anlieferung,
- verwechslungsfreie Anlieferung,
- zeitnahe Rückwaren-Abwicklung sowie
- zügige Regressabwicklung.

Ergebnisse des Benchmarking

Das Benchmarking-Projekt rechtfertigte sich durch folgende Ergebnisse:

- Reduktion der Geräteverwechslungen um durchschnittlich 30 %,
- Reduktion der Transportschäden und
- deutliche Verbesserung der Regressionsquote an allen Umschlagpunkten.

Benchmarking mit branchenfremden Unternehmen

Im Gegensatz zum konkurrenzbezogenen Benchmarking ist bei Gegenüberstellung von Logistikfunktionen und -prozessen branchenfremder Unternehmen ein offener und objektiver Datenaustausch möglich. Bei geeigneter Abstraktion des Benchmarking-Objektes ist auch die Vergleichbarkeit ohne weiteres gewährleistet.

Für einen Hausgerätehersteller bietet sich aus folgenden Gründen ein Benchmarking zum Beispiel mit einem Lebensmittelhersteller an:

Anforderungen an die Logistik eines Lebensmittelherstellers

- Umschlaghäufigkeiten und Lieferzeiten,
- relativ hohe Logistikkosten in Prozent vom Umsatz,
- hohe Anforderungen des Handels an den Logistikservice sowie
- Übernahme zusätzlicher Serviceleistungen.

Fakten, die den Vergleich begünstigen

- Vergleichbares Warengewicht und -volumen.
- Obwohl Lebensmittel augenscheinlich nicht mit Hausgeräten vergleichbar sind, ergibt sich dennoch ein vergleichbares Gewicht je Volumeneinheit. Da auch die Lebensmittel in Umverpackungen und als Palettenware vertrieben werden, entsprechen sie dem Volumen eines Hausgerätes.
- Vergleichbarer Warenwert je Volumeneinheit.
- Der Warenwert je Palette entspricht dem eines Haushaltsgroßgerätes.
- Vergleichbare Kunden- und Marktstruktur.
- Beide Kunden beliefern den Handel und haben daher ähnliche flächendeckende Lieferstrukturen in Deutschland.
- Vergleichbare Warenbezugsstruktur.
- Beide Unternehmen produzieren in Europa mit Schwerpunkt in Deutschland, wo beide über mehrere Produktionsstandorte verfügen. Die Produktion ist nicht überlappend.
- Vergleichbare Logistikfunktion.
- Verglichen wird nur die Distribution von Fertigerzeugnissen.

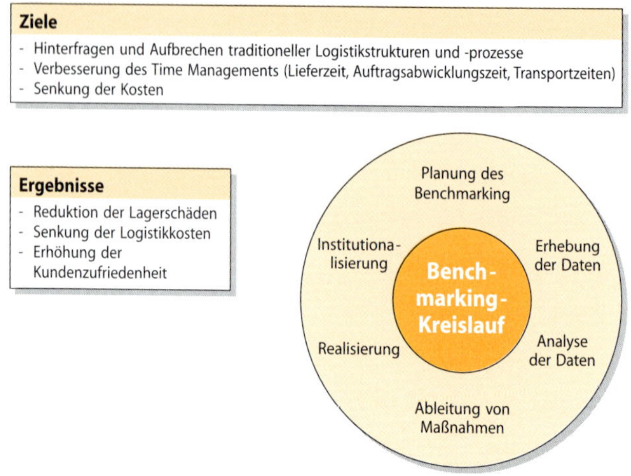

Bild 24: *Praxisbeispiel II im Überblick*

Dabei konnten die folgenden **Ergebnisse** erreicht werden:

- Reduktion der Lagerschäden,
- Senkung der Logistikkosten,
- Erhöhung der Kundenzufriedenheit.

3.7 Das Benchmarking-Projekt ist zu Ende – wie etabliere ich Benchmarking im Unternehmen?

Wenn ein Benchmarking-Projekt nur als einmalige Aktion zur Verbesserung eines bestimmten Prozesses angesehen wird, werden die Potenziale verschenkt, die in einer kontinuierlichen Anwendung des Benchmarking im Unternehmen stecken.

Direkt nach dem Projekt sollte dieses analysiert werden. Ziel ist es herauszufinden, wo die Stärken, aber insbesondere die Verbesserungsmöglichkeiten der Projektdurchführung liegen. Dazu sind jeweils die Gründe für Stärken und Verbesserungsmöglichkeiten zu ermitteln. Fragen, die gestellt werden können, sind zum Beispiel folgende:

- Welche Zielsetzungen wurden erreicht oder übertroffen und welche Ziele wurden nicht erreicht?
- Waren die Ziele richtig gewählt?
- War das Projekt im Hinblick auf Zeiten und Kosten richtig geplant und wurden die Planungen konsequent durchgesetzt?
- War das Projektteam richtig zusammengestellt?
- Wurden geeignete Benchmarking-Partner ausgewählt?
- Was hätte insgesamt besser gemacht werden können und wie lassen sich diese Verbesserungen umsetzen?

Nach der Aufbereitung der Projekterfahrungen hat es sich als sinnvoll erwiesen, die Projektergebnisse unternehmensweit zu kommunizieren. Damit finden die Erfolge durch den Einsatz des Benchmarking schnell Verbreitung. Beim nächsten Projekt ist die zu leistende Überzeugungsarbeit für den Einsatz des Benchmarking nicht mehr so groß wie beim ersten Mal. Die Kommunikation kann durch die Veröffentlichung in Firmenzeitschriften, durch Vorträge oder auch im Intranet erfolgen.

Ein weiterer wichtiger Punkt für die Etablierung des Benchmarking im Unternehmen ist die kontinuierliche Ausbildung der entsprechenden Mitarbeiter. Dabei ist zwischen einer grundlegenden Vermittlung der Grundlagen des Benchmarking, der Ausbildung für die Durchführung von Projekten sowie der Ausbildung von Moderatoren für Benchmarking-Projekte zu unterscheiden. Je besser der Ausbildungsstand der Mitarbeiter, desto höher ist auch die Akzeptanz der Methode und damit die Erfolgsquote der Projekte. Auch die Beteiligung an Benchmarking-Projekten als Benchmarking-Partner ermöglicht die Sammlung von neuen Erfahrungen auf diesem Gebiet.

Während des Projektes wurde ein großer Teil des Aufwandes in die Analyse der eigenen Prozesse und in die Entwicklung von Benchmarks gesteckt. Diese können als Messsystem zur ständigen Überprüfung der Prozessverbesserungen genutzt werden. Weiterhin kann mit diesem Messsystem die Entwicklung der Konkurrenz beobachtet werden. Wird die Einführung dieser Messsysteme konsequent verfolgt, dann verringert sich der Aufwand für die Durchführung weiterer Benchmarking-Projekte erheblich.

Ein weiterer wichtiger Punkt für die Etablierung des Benchmarking im Unternehmen ist der Aufbau einer Benchmarking-Datenbank und einer Möglichkeit, über diese Datenbank ein Benchmarking-Netzwerk im Unternehmen aufzubauen. Der Zweck dieser Datenbank ist der Aufbau eines Informationssystems, auf das bei Projekten zugegriffen werden kann. Damit kann Doppelarbeit vermieden werden. Die Zeitersparnis bei der Durchführung von Projekten durch Wiederverwendung von Erfahrungen und Daten kann enorm sein. Bestandteile dieser Datenbank sind die Sammlung von Fallstudien, vorhandene Messsysteme und Datensammlungen für zukünftige Projekte.

In Tab. 18 sind die Vorgehensweisen zur Etablierung des Benchmarking im Unternehmen zusammengefasst.

Vorgehen	**Inhalte**
Etablierung eines Messsystems	• Regelmäßige Überprüfung weiterer Fortschritte • Überprüfung der Marktposition • Veröffentlichung der aktuellen Messergebnisse
Aufbereitung der Verbesserungsmöglichkeiten des vergangenen Projektes	• Waren die Ziele richtig gewählt? • War das Projekt im Hinblick auf Zeiten und Kosten richtig geplant und wurden die Planungen konsequent durchgesetzt? • War das Projektteam richtig zusammengestellt? • Wurden geeignete Benchmarking-Partner ausgewählt? • Was hätte insgesamt besser gemacht werden können und wie lassen sich diese Verbesserungen umsetzen?
Kommunikation der Projekterfahrungen	• Veröffentlichung der Ergebnisse in Firmenzeitschriften, durch Vorträge oder im Intranet
Ausbildung weiterer Mitarbeiter	• Schulungen in den Grundlagen des Benchmarking • Schulungen von Projektleitern • Schulungen von Moderatoren
Aufbau einer Datenbank und eines Benchmarking-Netzwerks	• Fallstudien • Messgrößen • Datensammlung
Selbst als Benchmarking-Partner für andere Unternehmen zur Verfügung stehen	• Sammlung von neuen Erfahrungen • Darstellung von Erfolgen durch Benchmarking

Tab. 18: *Vorgehensweisen zur Etablierung des Benchmarking im Unternehmen*

4 Wo finde ich Benchmarking-Informationen?

4.1 Code of Conduct

Um zu einem effizienten und ethischen Benchmarking beizutragen, stimmen die Beteiligten in eigenem Namen und im Namen der von ihnen vertretenen Unternehmen zu, sich an folgende Prinzipien zu halten.

1. **Prinzip der Rechtmäßigkeit.** Vermeiden Sie Diskussionen oder Handlungen, die zu einem Interesse an einer Beschränkung des Wettbewerbs führen könnten oder dieses implizieren: Statistiken über Markt- oder Kundenanteile, Preisfestlegungen, Handels- oder Angebotsabsprachen, Bestechung oder Unterschlagung. Bitte führen Sie mit Wettbewerbern keine Diskussionen über Kosten, wenn diese ein Element der Preisbildung sind.
2. **Austauschprinzip.** Seien Sie bereit, dasselbe Maß an Informationen, das Sie erhalten, zur Verfügung zu stellen, und zwar bei jedem Benchmarking-Austausch.
3. **Vertrauensprinzip.** Behandeln Sie das Benchmarking als vertraulichen Austausch zwischen den beteiligten Personen und Unternehmen. Erhaltene Informationen dürfen nicht ohne vorherige Zustimmung der beteiligten Benchmarking-Partner an außen stehende Organisationen weitergeleitet werden. Die Teilnahme einer Organisation an einem Projekt sollte nicht ohne vorhergehende Erlaubnis nach außen getragen werden.
4. **Nutzungsprinzip.** Bitte nutzen Sie die im Rahmen einer Benchmarking-Partnerschaft erhaltenen Informationen lediglich für den Zweck der Verbesserung firmeninterner

Konzepte und Verfahren. Externer Gebrauch bzw. die Verbreitung des Namens eines Benchmarking-Partners verbunden mit seinen Daten oder mit beobachteten Verfahrensweisen erfordert die Erlaubnis dieses Partners. Bitte geben Sie weder als Berater noch als Kunde die Ergebnisse der Benchmarking-Studie eines Unternehmens ohne die vorhergehende Erlaubnis weiter.

5. **Prinzip des unmittelbaren Kontaktes.** Knüpfen Sie Kontakte nach Möglichkeit über das Partnerunternehmen. Vermeiden Sie beiderseitige Abkommen mit dem Benchmarking-Partner durch Vermittlung oder Verantwortlichkeit anderer Unternehmen.
6. **Prinzip des Kontaktes zu Dritten.** Besorgen Sie sich im Einzelfall die Erlaubnis, bevor Sie Namen auf eine Kontaktanfrage weiterleiten.
7. **Vorbereitungsprinzip.** Zeigen Sie Ihr Engagement und Ihre Verpflichtung hinsichtlich Effizienz und Effektivität des Benchmarking-Prozesses durch adäquate Vorbereitung bei jedem Schritt des Benchmarking-Prozesses, insbesondere jedoch während des anfänglichen Kontaktes während der Aufnahme der Partnerschaft.

Etikette und Ethik

Bei Handlungen zwischen Benchmarking-Partnern liegt die Betonung auf Offenheit und Vertrauen. Die folgenden Richtlinien wenden sich an beide Partner einer Benchmarking-Begegnung.

Beim Benchmarking mit Wettbewerbern legen Sie zuvorderst spezifische Grundregeln fest, z. B.: „Wir wollen nicht über Dinge reden, die einem von uns einen Wettbewerbsvorteil verschaffen würden, statt dessen wollen wir sehen, dass wir uns beide gemeinsam verbessern können und Vorteile erzielen.“ Bitten Sie Ihren Wettbewerber nicht um vertrauliche Informationen oder geben Sie dem Benchmarking-Partner nicht das Gefühl, vertrauliche Informationen zur Verfügung stellen zu müssen, um den Prozess am Laufen zu halten.

Betrauen Sie, unter Einbeziehung einer Rechtsberatung, eine ethische dritte Partei mit der Zusammenstellung und Sicherstellung der Wettbewerbsdaten für den direkten Vergleich der Wettbewerber.

Nehmen Sie Rechtsberatung in Anspruch, wenn Sie Zweifel an einer Maßnahme zur Informationsbeschaffung haben, z. B. bevor Sie einen direkten Wettbewerber kontaktieren.

Alle Informationen, die Sie von einem Benchmarking-Partner erhalten, sollten wie eigene vertrauliche Informationen behandelt werden.

Vermeiden Sie bitte:

- das Geschäft eines Wettbewerbers oder die Durchführung Dritten gegenüber herabzusetzen,
- den Versuch, über die Benchmarking-Beziehung den Wettbewerb zu verringern bzw. Ihr Geschäft auszuweiten.

Benchmarking-Austausch-Protokoll

Sobald der Benchmarking-Prozess zum Austausch von Informationen führt, wird von den Benchmarkern erwartet:

- den Benchmarking-Verhaltenskodex zu kennen und einzuhalten,
- grundsätzliche Benchmarking-Kenntnisse zu haben und den Benchmarking-Prozess zu verfolgen,

- festgelegt zu haben, was zu „benchmarken“ ist, Schlüsselvariablen der Durchführung festgelegt zu haben, überlegene Unternehmen festgestellt zu haben und eine rigorose Selbsteinschätzung durchgeführt zu haben,
- einen Fragebogen und eine Interviewanleitung entwickelt zu haben und diese bei Bedarf im Verlauf des Prozesses anzuwenden,
- die Autorität zur Weitergabe von Informationen zu haben,
- diesen Richtlinien bei persönlichen Besuchen zu folgen:
  - bereiten Sie Tagesordnungen für das weitere Vorgehen vor,
  - seien Sie professionell, ehrlich, höflich und pünktlich,
  - stellen Sie alle Anwesenden vor und erklären Sie den Grund Ihrer Teilnahme,
  - halten Sie sich an die Tagesordnung; richten Sie das Augenmerk auf Benchmarking-Fragestellungen,
  - sprechen Sie in allgemein verständlicher Sprache, bitte kein eigenes Fachchinesisch,
  - geben Sie keine vertraulichen Informationen ohne vorherige Zustimmung der zuständigen Stellen beider Seiten weiter,
  - wenn verlangt, teilen Sie die Informationen über Ihren Fortschritt mit und denken Sie daran, Ihre Studienergebnisse zu verteilen,
  - bieten Sie einen Gegenbesuch an,
  - beenden Sie Treffen und Besuch nach Zeitplan sowie
  - bedanken Sie sich bei Ihrem Benchmarking-Partner für die zur Verfügung gestellte Zeit und den Austausch.

Dieser Verhaltenskodex wurde mit der freundlichen Zustimmung des Strategic Planning Institute Council on Benchmarking (USA) übernommen.

Die Autoren können nicht für juristische oder andere Schritte verantwortlich gemacht werden, die sich direkt oder indirekt aus der Einhaltung dieses Verhaltenskodex ergeben. Er soll der Anleitung dienen und bedeutet weder Schutz noch Immunität vor dem Gesetz.

Wir ermutigen alle Organisationen und Personen, die in Benchmarking involviert sind, die Prinzipien zu befolgen.

4.2 Benchmarking-Software

Der Comparer

Der Comparer ist eine Software zur Überprüfung von Prozessen, ob sie ähnlich oder besser als der eigene Prozess sind.

Kurzbeschreibung

Mit Hilfe des Comparers kann man den eigenen Prozess (Referenz-Prozess) mit den Prozessen von anderen (Vergleichsprozessen) gegenüberstellen. Hierzu existiert eine Datenbank mit Merkmalen für die Überprüfung der Ähnlichkeit und Effizienz. Die Prozesse haben Merkmale, in denen sie sich unterscheiden. Bei der Gegenüberstellung werden Merkmale jedes Vergleichsprozesses mit dem Referenz-Prozess verglichen, um die besten 6 Prozesse zu ermitteln. Das Ergebnis wird grafisch angezeigt.

Der Unternehmensklassifizierer – eine Software zur Auswahl von Benchmarking-Partnern

Der kritische Erfolgsfaktor des Benchmarking ist die Auswahl von Benchmarking-Partnern für das branchenunabhängige Prozess-Benchmarking. Bisherige Methoden, einen Partner auszuwählen, setzen hauptsächlich auf das Erfahrungswissen von Mitarbeitern und Unternehmensberatern. Diese Erfahrungen reichen aber im Allgemeinen nicht aus, um fundiert alle in Frage kommenden Unternehmen hinsichtlich der Eignung als Benchmarking-Partner zu beurteilen. Außerdem haben Benchmarking-Projekte nur ein sehr begrenztes Zeit- und Kostenbudget. Aus diesen Gründen ist es mit bisherigen Methoden nicht möglich, alle in Frage kommenden Benchmarking-Partner bei der Auswahl zu berücksichtigen. Es wird meist nur aus einer sehr kleinen Gruppe von Unternehmen ausgewählt, die im Blickpunkt der Presse stehen und denen sehr gute Leistungen in bestimmten Prozessen nachgesagt werden. Das Blickfeld für die Auswahl möglicher Benchmarking-Partner wird so stark eingeschränkt, dass die Potenziale, die im Vergleich mit den so genannten „Hidden Champions" liegen, nicht erkannt und somit auch nicht genutzt werden können. Zusammengefasst gibt es bisher folgende Probleme:

- Das Blickfeld für potenzielle Benchmarking-Partner ist stark eingeschränkt,
- Kriterien für die Beurteilung der Vergleichbarkeit von Benchmarking-Partnern fehlen,
- es gibt keine Datenbank für die Auswahl von Benchmarking-Partnern und
- die Auswahl wird nicht durch Rechner und Software unterstützt.

Zur Lösung dieses Problems wurde der Unternehmensklassifizierer entwickelt. Er ermöglicht durch den Einsatz der Clusteranalyse die systematische, rechnerunterstützte Suche nach Prozessähnlichkeiten zwischen Unternehmen. Diese Ähnlichkeiten werden als Kriterium für Vergleichbarkeit angesehen. Das heißt, je ähnlicher sich zwei Unternehmen sind, desto besser ist die Eignung als Benchmarking-Partner. Ähnlichkeiten beziehen sich nicht auf Branchen oder Produkte, sondern nur auf die Ähnlichkeit von Geschäftsprozessen.

Unternehmen werden als Grundlage für die Auswahl durch Merkmale charakterisiert. Dazu wurden folgende drei Merkmalsklassen entwickelt:

Die **klassifizierenden Merkmale** werden als Grundlage für die Gruppenbildung durch die Clusteranalyse verwendet. Mit diesen Merkmalen wird beschrieben, wie und unter welchen Bedingungen ein Unternehmen seine Leistung für den Kunden erbringt.

Anhand von **bewertenden Merkmalen** wird eine Beurteilung der Leistungsfähigkeit eines Unternehmens, bezogen auf sein Kerngeschäft, vorgenommen. Damit ist es möglich, das beste Unternehmen zu identifizieren.

Die **beschreibenden Merkmale** liefern Informationen über Unternehmensstrukturen und Unternehmenskenngrößen. Sie werden ergänzend zu den bewertenden Merkmalen zur Interpretation der Ergebnisse des Unternehmensklassifizierers eingesetzt.

Die entwickelte Software wird bereits erfolgreich in Benchmarking-Projekten eingesetzt. Der nächste Entwicklungsschritt ist die Entwicklung einer Standardsoftware, die eine Auswahl von Benchmarking-Partnern über das Internet ermöglicht. Damit wird besonders für kleine und mittelständische Unternehmen der Einsatz von Benchmarking attraktiv. Diese Unternehmen haben bisher häufig den mit dem Benchmarking verbundenen Zeit- und Kostenaufwand gescheut.

4.3 Benchmarkingspezifische Kontaktadressen

Deutschland

Deutsches Benchmarking Zentrum (DBZ)
Altonaer Str. 1
10557 Berlin
Tel.: +49 30/3 90 79 07-0 Fax: +49 30/3 90 79 07-1
www.benchmarkingforum.de

Deutsches EFQM Center
der Deutschen Gesellschaft für Qualität e. V.
August-Schanz-Str. 21 A
60433 Frankfurt a. M.
Tel.: +49 69/9 54 24-1 14 Fax: +49 69/9 54 24-2 22
www.deutsche-efqm.org

Europa

The European Foundation for Quality Management
Avenue des Pleiades 19, B-1200 Brussels, Belgien
Tel.: +32 27 75-35 11 Fax: +32 27 75-35 35
www.efqm.org

The Benchmarking Centre United Kingdom Ltd.
c/o Dexion, Maylands Avenue, Hemel Hempstead,
Herts HP2 7EW, Großbritannien
Tel.: +44 04 42 25 00 40 Fax: +44 04 42 24 53 86

PIMS (Profit Impact of Market Strategy Associates Ltd.)
7th Floor, Moor House, London Wall, London EC2Y SET, Großbritannien
Tel.: +44 07 16 28 11 55 Fax: +44 07 16 28 24 55

Swedish Institute for Quality
Fabriksgatan 10, S-412 50 Gothenburg, Schweden
Tel.: +46 31 35 17 00 Fax: +46 317 73 06 45

Business International
Via Isonzo 42/c, 00198 Roma, Italien
Tel.: +39 68 41 36 08 Fax: +39 68 84 20 34/ +39 6 85 35 42 52

USA

International Benchmarking Clearing House
c/o American Productivity and Quality Center
123 North Post Oak Lane, Houston, Texas 77024-7797, USA
Tel.: +1-7 13-6 85 46 04

Strategic Planning Institute Council of Benchmarking
1030 Massachusetts Avenue, Cambridge,
Massachusetts 02138, USA
Tel.: +1-6 17-4 91-92 00

Benchmarking Competency Center
American Society for Quality Control, Milwaukee, USA
Tel.: +1-4 14-2 72-85 75

4.4 Beschreibung des Deutschen Benchmarking Zentrums

Das Deutsche Benchmarking Zentrum unterstützt die deutsche Industrie bei der Durchführung von Benchmarking-Projekten durch ein vielfältiges Dienstleistungsangebot. Von der Bereitstellung von Best Practice Reports über

Benchmarking-Datenbanken, Software bis zur Durchführung von Benchmarking-Projekten.

Best Practice Reports sind mit World Class-Unternehmen durchgeführte Konsortienstudien zu Themen wie Kostenrechnung, Kundenzufriedenheit bis zur Produktentwicklung.

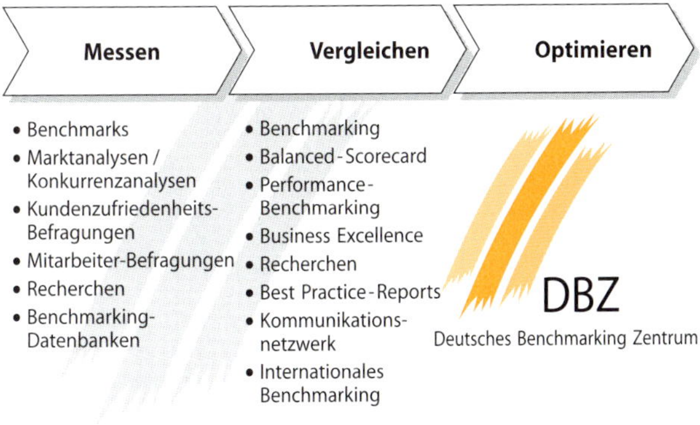

Bild 25: *Aufgabengebiete des Deutschen Benchmarking Zentrums*

Ihre Vorteile einer DBZ-Mitgliedschaft

Sie erhalten:

1. Bedienungsanleitung des DBZ (Mitgliedshandbuch)
2. Zugriff auf das Benchmarking-Forum (Auflistung der Dienste siehe unten)
   Sie erhalten in einem Briefumschlag Ihre Zugangsberechtigung sowie Ihr persönliches Passwort! (Weitere Benchmarking-Teammitglieder können weitere Zugangsberechtigungen zu ermäßigten Tarifen erwerben.)

Informationsdienste	Projektunterstützung	Kommunikation
• Literatur-Datenbank • InFocus-Report-Datenbank • Best-Practice-Report-Datenbank • Konkurrenzanalysen und Marktbeobachtungen • Studien- und Diplombörse • Informationsrecherchen Benchmarking-Starter-Kit (Nur für Mitglieder) • Themenspezifische Datenbanken – Kundenzufriedenheit – Strategie – Mitarbeiterorientierung – Informationstechnologie – Supply Chain Management	• Durchführung von Moderation von Benchmarking-Projekten • Auswahl von Benchmarking-Partnern auch branchenunabhängig • Checklisten für die Durchführung von Benchmarking-Projekten (Nur via Internet für Mitglieder) • Fallbeispiele (Nur via Internet für Mitglieder) • Benchmarking-Training (Seminare, Workshops und Inhouse-Training) • Benchmarking-Trainingslandschaft in Deutschland • Benchmarking-Software	• Diskussionsforen (Nur via Internet für Mitglieder) • Benchmarking-Telegramm • Mitgliederverzeichnis (Nur via Internet für Mitglieder) • Hotline • Internationales Benchmarking-Netzwerk • Hinweise zu den besten Benchmarking-Daten (links) (Nur via Internet für Mitglieder) • Benchmarking-Partnerbörse (Nur via Internet für Mitglieder)

Tab. 19: *Dienstleistungen des Deutschen Benchmarking Zentrums*

Eine elektronische Umfrage ist die beste Methode, Daten mit denen anderer Organisationen zu vergleichen und diese Daten auch zu bekommen.
Je nach Bedarf kann diese Umfrage innerhalb der Branche oder branchenunabhängig durchgeführt werden.

- ∅ Laufzeit 1–3 Monate
- Alle Daten in elektronischer Form
- Befragung von 30–250 Unternehmen
- Kostengünstig (1.000–5.000 €)

Themen z. B.:
- Facility Management
- Logistik
- Personalmanagement
- Mitarbeiterzufriedenheit
- Call Center
- Asset Management

Bild 26: *Elektronische Umfragen*

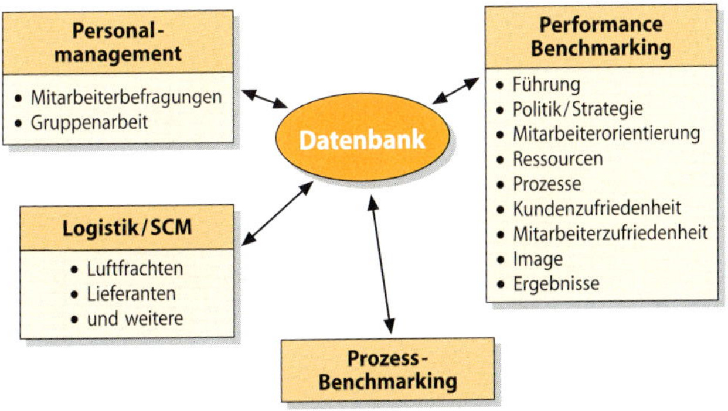

Bild 27: *Benchmarking-Datenbank am DBZ*

3. Exklusive Nutzung der Mitgliederdienste (Benchmarking-Telegramm, Mitgliederverzeichnis, Benchmarking-Partnerbörse, Fallbeispiele, Hotline, beste Links zu Datenquellen und Nutzung der Mitglieder-Rabatte)

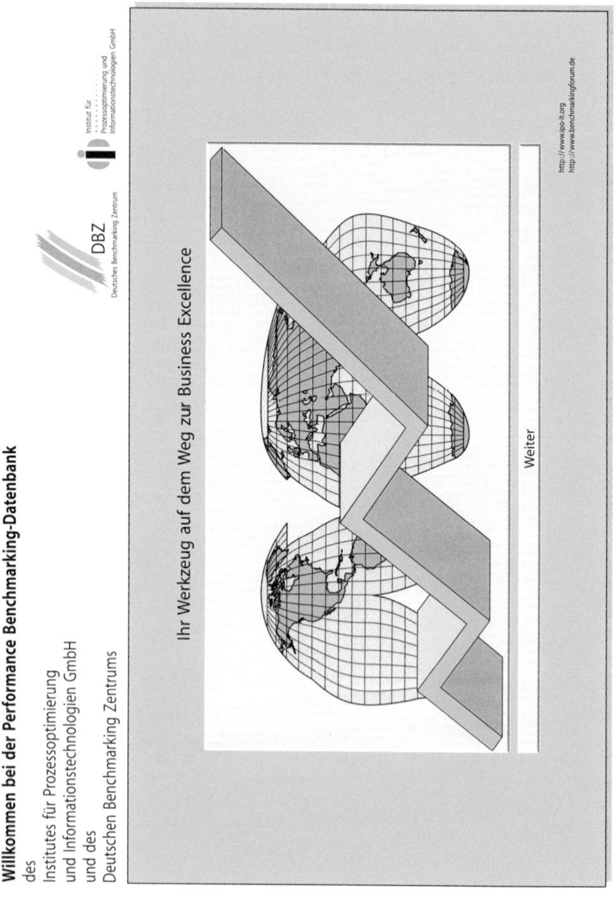

Bild 28: *Datenbank des DBZ*

4. Benchmarking-Starter-Kit (enthält neben einem Pocket-Power-Band „Benchmarking“ weitere gezielte Benchmarking-Informationen)
5. Ein Foliensatz zur Darstellung des Benchmarking in Ihrem Unternehmen
6. Code of Conduct
7. Prozessklassifikation

Ziele des Deutschen Benchmarking Zentrums (DBZ)

Das DBZ möchte als neutrale Vermittlungsstelle Unternehmen in Deutschland Kontakte für das Benchmarking vermitteln. Weitere Zielsetzungen sind die Bereitstellung von Daten und Datennetzen sowie die Verbreitung der Philosophie und der Methodik des Benchmarking.

Literatur

Alle Pocket Power-Bände, siehe innere Umschlagseiten.

Camp, R.: Benchmarking – The Search for Industry Best Practices that Lead to Superior Performance. ASQC Quality Press, 1989

Hammer, M.; Champy, J.: Business Reengineering. Springer, 1994

Kempf, S.; Siebert, G.: Grundlagen des Benchmarking. In CIM-TT Berlin-Brandenburg (Hrsg.): Tagung Benchmarking '97, Berlin, 5./6. März 1997

Mertins, K.; Siebert, G.; Kempf, S. (Hrsg.): Benchmarking-Praxis in deutschen Unternehmen. Berlin et al.: Springer, 1995

Siebert, G.: Prozess-Benchmarking. Methode zum branchenunabhängigen Vergleich von Geschäftsprozessen. Dissertation an der TU Berlin, 1998

Siebert, G.: Performance Measurement mit den Werkzeugen Benchmarking, Balanced Scorecard und Business Excellence Modell. Stuttgart: Deutscher Sparkassenverlag, 2002

Siebert, G.; Kempf, S.: Management-Tool Benchmarking. Köln: Fachverlag Deutscher Wirtschaftsdienst, 2000

Womack, J. P.: The machine that changed the world. Rawson Associates. New York, 1990

Weitere Informationen erhalten Sie über das Internet in den Benchmarking-Datenbanken:

http://www.benchmarkingforum.de

oder telefonisch:
Deutsches Benchmarking Zentrum
DBZ ++49-(0) 30-3 90 79 07-0

Über 50.000 Zertifizierungen.
Kompetenz, auf die man sich verlassen kann.
SGS IS THE WORLD'S LEADING VERIFICATION, TESTING AND CERTIFICATION COMPANY
SGS-ICS Gesellschaft für Zertifizierungen m.b.H. und Umweltgutachter
Raboisen 28 • 20095 Hamburg • Telefon: +49 (0) 40 30 10 1-361 • Fax: +49 (0) 40 33 04 08
E-mail: sgsics_germany@sgs.com
WHEN YOU NEED TO BE SURE
SGS

TC&T

Aus der Praxis - für die Praxis

- Integrierte Managementsysteme
- Kontinuierliche Verbesserung
- Kundenorientierung
- Prozessmanagement
- Balanced Scorecard
- Benchmarking

TC&T Consult und Training GmbH
60327 Frankfurt am Main, Messeturm
Tel 069/9 75 90-4 74
Internet www.tct.de

Total Quality
Consulting
Training